監修 西村 創
（受験指導専門家）

高校入試 7日間完成

塾で教わる 中学3年分の総復習 国語

KADOKAWA

はじめに

「国語って、勉強してもできるようにならない。はっきりした解き方がないから決まった答えを出せない、つかみどころのない科目」そう思ってはいないでしょうか？

もし、そう思っているのなら、それは誤解です。実は国語こそ、最短で解けるようになる科目です。国語には、最短で点数を上げる方法があります。それは、**問題ごとの「解き方」を知って、トレーニングすることです。**

国語は、ただ解いて丸つけをくり返しても、なかなか点数を取れるようにならない科目です。でも、**「解き方」を知って、その解き方を使って解けるようになれば、わりとすぐに点数を上げることが可能**です。

その理由はおもに三つあります。

一つめの理由は、**国語の読解問題は、答えか答えの根拠が本文中に書かれている**からです。頭をひねって答えを考えなくても、文章中から「探す」作業で正解を出すことができます。

二つめの理由は、**国語の問題のパターンは、片手で数えられるくらいの種類しかない**からです。各問題パターンの解き方をマスターするのは、さほど大変なことではありません。「解き方」を知って、トレーニングすれば、だれでも解けるようになります。

三つめの理由は、**国語は選択肢問題が多く、国語の知識がなくても正解の選択肢を選び出すことが可能**だからです。選択肢なので、当てずっぽうで選んでも当たることがあります。でもさらに、正解の選択肢の選び方を知ると、正解率を高められます。

この本では、**最短で点数を上げるために、各問題パターンごとの解き方をわかりやすく、具体的に紹介**しています。問題パターンの種類を知って、その問題パターンの解き方を知って、同じパターンの問題であれば、同じ解き方で解けるようにお手伝いします。

また、国語には知識分野があります。知識分野は手堅く点数を取れる得点源です。とは言っても、大量の漢字の読み書きに複雑な文法問題など、得点源にするには大変なイメージがあるかもしれません。確かに、知識分野のすべてを完璧に覚えるのは大変です。他科目の勉強もあるなか、国語だけに時間をかけるわけにもいかないでしょう。

そこで、この本では、**入試で特に出題されやすい知識に絞って取り上げています。**掲載している知識問題に取り組むことで、効率よく点数アップが可能です。くり返し解いて、知識分野を得点源にしましょう。

「国語ができたおかげで志望校に合格できた」

そうなるために、この本を作成しました。キミの合格を応援しています！

監修　西村　創

目次

〔本書に掲載している入試問題について〕
※本書に掲載している入試問題の解説は、KADOKAWAが作成した本書独自のものです。
※本書に掲載している入試問題の解答は、基本的に、学校・教育委員会が発表した公式解答ではなく、本書独自のものです。

装丁／chichols　編集協力／エデュ・プラニング合同会社　校正／株式会社鷗来堂　組版／株式会社フォレスト

この本の使い方

この本は7日間で中学校で習う内容の本当に重要なところを、ざっと総復習できるようになっています。試験場で見返して、すぐに役立つような重要事項もまとめています。

知識と文法

DAY 1とDAY 2では、漢字や文法などの知識分野をまとめています。出題されやすいものに絞っているので、確実に得点できるようにしましょう。

読解

DAY 3～ DAY 7、入試実戦では、実際の高校入試問題を題材に、読解問題に取り組みます。まずSTEP 1「解法手順」を解説し、その解き方をもとに、STEP 2「読解練習」に取り組みます。「目標時間」は問題を解く時間のみのものです。答え合わせ、解説の理解などを含めて、各DAYの学習は30～60分程度を想定しています。

解答・解説

別冊の「解答・解説」には、DAY 1～ DAY 7、入試実戦の解答と解説が載っています。解説をよく読んで、「解き方」をしっかり身につけましょう。

解答・解説

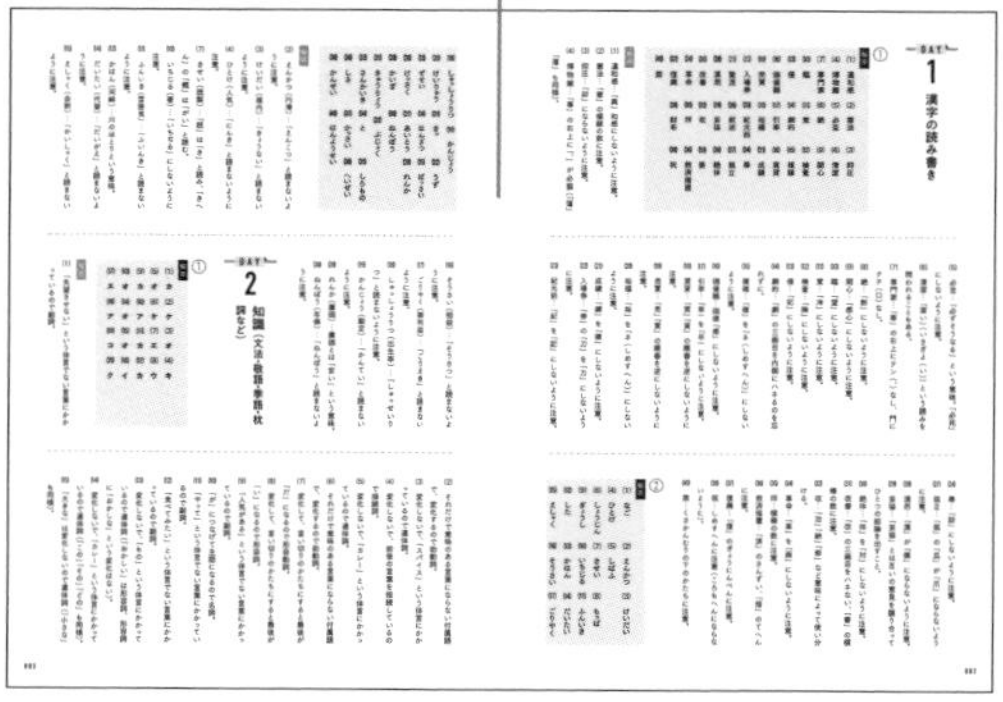

知識と文法

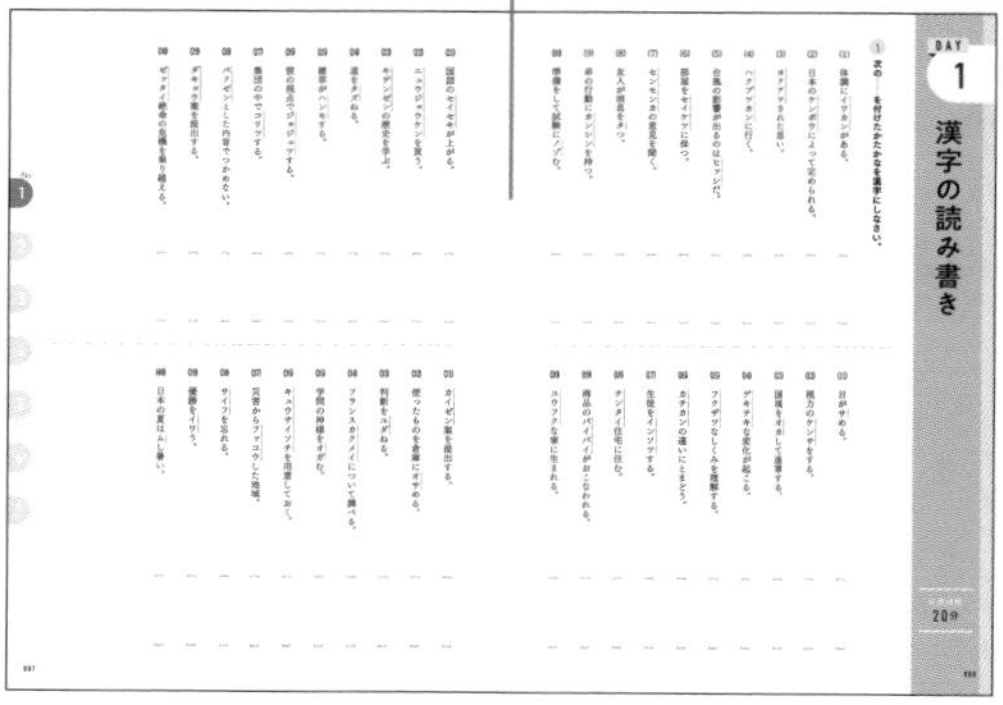

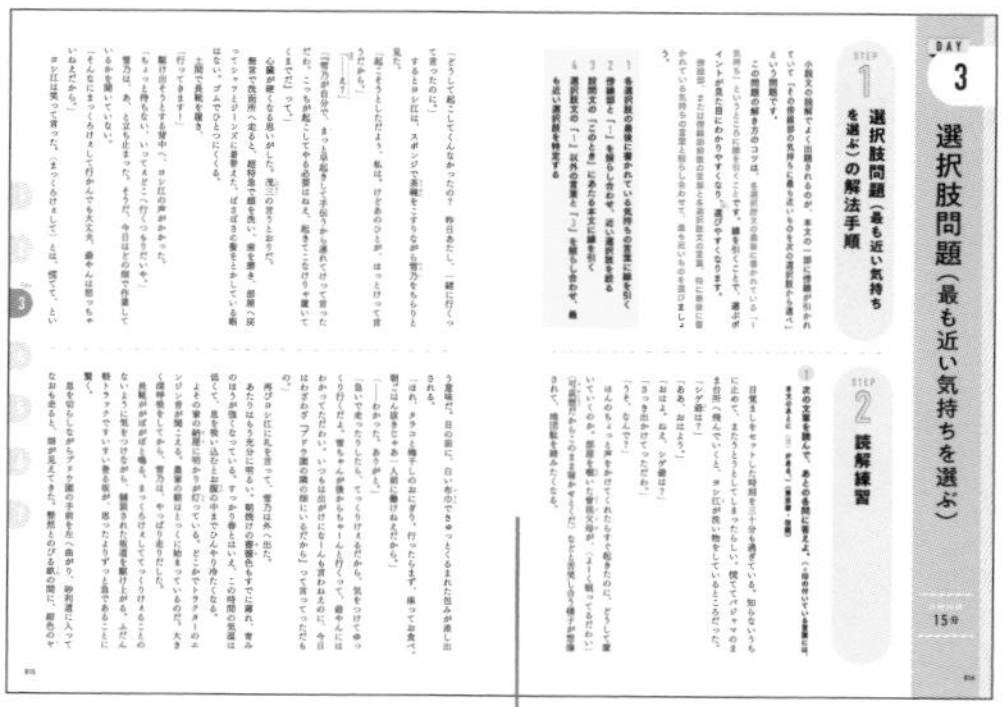

読解

特典の使い方

ミニブックの活用方法

この本についている直前対策ミニブックには、出題されやすかったり、間違えやすかったりする四字熟語・ことわざ・慣用句をまとめています。知識問題対策の仕上げとして活用していきましょう。

ミニブックは、切り取り線に沿って、はさみなどで切り取りましょう。

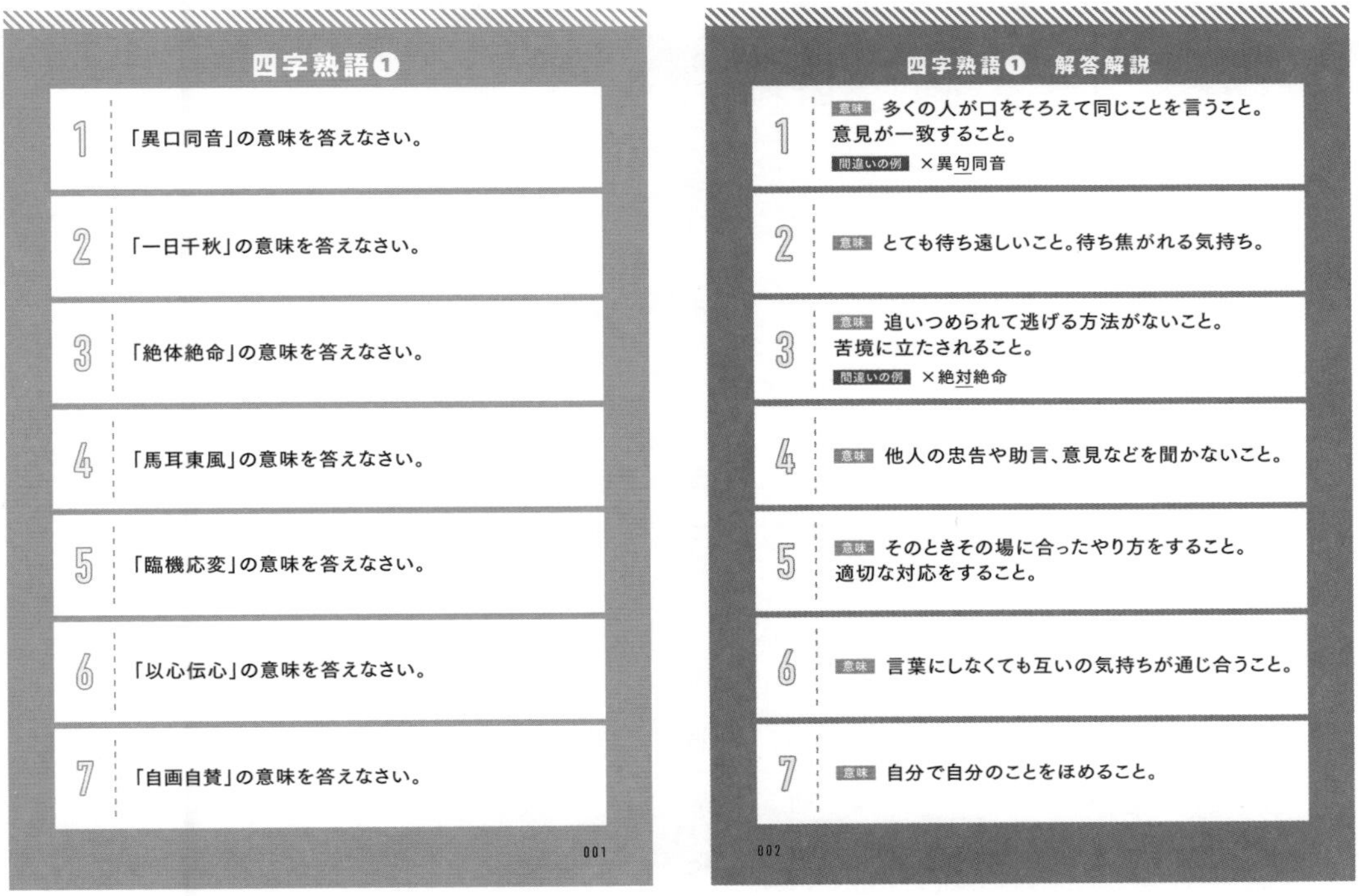
四字熟語❶

1 「異口同音」の意味を答えなさい。
2 「一日千秋」の意味を答えなさい。
3 「絶体絶命」の意味を答えなさい。
4 「馬耳東風」の意味を答えなさい。
5 「臨機応変」の意味を答えなさい。
6 「以心伝心」の意味を答えなさい。
7 「自画自賛」の意味を答えなさい。

001

四字熟語❶　解答解説

1 意味 多くの人が口をそろえて同じことを言うこと。意見が一致すること。 間違いの例 ×異句同音
2 意味 とても待ち遠しいこと。待ち焦がれる気持ち。
3 意味 追いつめられて逃げる方法がないこと。苦境に立たされること。 間違いの例 ×絶対絶命
4 意味 他人の忠告や助言、意見などを聞かないこと。
5 意味 そのときその場に合ったやり方をすること。適切な対応をすること。
6 意味 言葉にしなくても互いの気持ちが通じ合うこと。
7 意味 自分で自分のことをほめること。

002

解きなおしPDFのダウンロード方法

この本をご購入いただいた方への特典として、この本の書きこみができる、DAY 1、DAY 2部分の紙面のPDFデータを無料でダウンロードすることができます。

記載されている注意事項をよくお読みになり、ダウンロードページへお進みください。下記のURLへアクセスいただくと、データを無料でダウンロードできます。「特典のダウンロードはこちら」という一文をクリックして、ユーザー名とパスワードをご入力のうえダウンロードし、ご利用ください。

https://www.kadokawa.co.jp/product/322303001388/
ユーザー名：sofukusyukokugo
パスワード：sofukusyu-kokugo7

〔注意事項〕
●パソコンからのダウンロードを推奨します。携帯電話・スマートフォンからのダウンロードはできません。
●ダウンロードページへのアクセスがうまくいかない場合は，お使いのブラウザが最新であるかどうかご確認ください。また，ダウンロードする前に，パソコンに十分な空き容量があることをご確認ください。
●フォルダは圧縮されていますので，解凍したうえでご利用ください。
●なお，本サービスは予告なく終了する場合がございます。あらかじめご了承ください。

DAY 1 漢字の読み書き

目標時間 20分

1 次の——を付けたかたかなを漢字にしなさい。

(1) 体調にイワカンがある。［　　］
(2) 日本のケンポウによって定められる。［　　］
(3) ヨクアツされた思い。［　　］
(4) ハクブツカンに行く。［　　］
(5) 台風の影響が出るのはヒッシだ。［　　］
(6) 部屋をセイケツに保つ。［　　］
(7) センモンカの意見を聞く。［　　］
(8) 友人が消息をタつ。［　　］
(9) 弟の行動にカンシンを持つ。［　　］
(10) 準備をして試験にノゾむ。［　　］

(11) 目がサめる。［　　］
(12) 視力のケンサをする。［　　］
(13) 国境をオカして進軍する。［　　］
(14) ゲキテキな変化が起こる。［　　］
(15) フクザツなしくみを理解する。［　　］
(16) カチカンの違いにとまどう。［　　］
(17) 生徒をインソツする。［　　］
(18) チンタイ住宅に住む。［　　］
(19) 商品のバイバイがおこなわれる。［　　］
(20) ユウフクな家に生まれる。［　　］

(21) 国語のセイセキが上がる。 〔　〕

(22) ニュウジョウケンを買う。 〔　〕

(23) キゲンゼンの歴史を学ぶ。 〔　〕

(24) 道をタズねる。 〔　〕

(25) 雑草がハンモする。 〔　〕

(26) 彼の視点でジョジュツする。 〔　〕

(27) 集団の中でコリツする。 〔　〕

(28) バクゼンとした内容でつかめない。 〔　〕

(29) ダキョウ案を提出する。 〔　〕

(30) ゼッタイ絶命の危機を乗り越える。 〔　〕

(31) カイゼン案を提出する。 〔　〕

(32) 使ったものを倉庫にオサめる。 〔　〕

(33) 判断をユダねる。 〔　〕

(34) フランスカクメイについて調べる。 〔　〕

(35) 学問の神様をオガむ。 〔　〕

(36) キュウサイソチを用意しておく。 〔　〕

(37) 災害からフッコウした地域。 〔　〕

(38) サイフを忘れる。 〔　〕

(39) 優勝をイワう。 〔　〕

(40) 日本の夏はムし暑い。 〔　〕

DAY 1 2 3 4 5 6 7

2 次の――を付けた漢字の読みを書きなさい。

(1) 和やかな会食。［　　］

(2) 会議が円滑に進む。［　　］

(3) 境内で遊ぶ。［　　］

(4) 人気のない道を通る。［　　］

(5) 芝生を手入れする。［　　］

(6) 日々、精進する。［　　］

(7) 既製の商品として売られている。［　　］

(8) 専ら部活に打ち込む。［　　］

(9) 一点を凝視する。［　　］

(10) 著しい進歩が見られる。［　　］

(11) ものものしい雰囲気。［　　］

(12) 慕っている先輩に感謝する。［　　］

(13) 河畔のホテルに泊まる。［　　］

(14) 代替の案を用意する。［　　］

(15) 先生に会釈をする。［　　］

(16) 赤字を利益で相殺する。［　　］

(17) 御利益を期待して参拝する。［　　］

(18) 出生率が低下している。［　　］

(19) ひとりあたりの値段を勘定する。［　　］

(20) 渓流で魚を釣る。［　　］

(21) 試合で負けを喫する。 [　　　　]

(22) 海流が渦を巻く。 [　　　　]

(23) 是正の勧告を受ける。 [　　　　]

(24) 申し込み方法が煩雑だ。 [　　　　]

(25) 木々を伐採する。 [　　　　]

(26) 平成の傑作として有名な映画。 [　　　　]

(27) 哀悼の意を表す。 [　　　　]

(28) 廉価版の商品が発売される。 [　　　　]

(29) その意見には懐疑的で賛成できない。 [　　　　]

(30) 高い年俸をもらっている選手。 [　　　　]

(31) 丘陵地帯から景色を見渡す。 [　　　　]

(32) 人を侮辱してはいけない。 [　　　　]

(33) 祖父の三回忌に親族を集める。 [　　　　]

(34) 開会式を執り行う。 [　　　　]

(35) めったに見られない代物を目にする。 [　　　　]

(36) 彼女の運命を示唆する描写。 [　　　　]

(37) 観客の喝采を浴びる。 [　　　　]

(38) 平生から健康を意識する。 [　　　　]

(39) 閑静な住宅地で起きた事件。 [　　　　]

(40) 汎用性の高い技術を学ぶ。 [　　　　]

DAY 1 2 3 4 5 6 7

DAY 2 知識（文法・敬語・季語・枕詞など）

目標時間 20分

1 【文法（品詞の区別）】

次の――を付けた言葉の品詞名を、あとのア〜コからそれぞれ1つ選び、記号で答えなさい。

(1) このレストランのカレーは決して失望させない。
(2) 墨のような色をしたカレーが運ばれてきた。
(3) 彼はあらゆるスパイスを使ってカレーを作れる。
(4) 甘口かもしくは中辛のカレーでないと食べられない。
(5) 味付けを誤ってとんだカレーを仕上げてしまった。
(6) どんなに辛いカレーでも食べられる自信がある。
(7) 重厚なスパイスが組み合わさったカレーを食べる。
(8) 香ばしいカレーの香りがやみつきになる。
(9) とても人気がある有名なカレー屋に行く。
(10) これはここでしか食べられないカレーだ。
(11) こうやって食べるとカレーのおいしさが増す。
(12) もっと世界中のカレーを食べてみたい。
(13) カレーの匂いをかぐと食欲が出るのもおかしなものだ。
(14) 昔食べたあのカレーの味が忘れられない。
(15) 大きな皿に盛られたカレーから湯気が上がる。
(16) 人気のカレー屋の行列に並ぶ。
(17) 大盛りのカレーをきれいに完食する。
(18) このカレーの辛さがたまらない。
(19) 自分でもカレーを作ってみたい。
(20) あら、これは家のカレーと似た味がする。

ア 名詞　イ 動詞　ウ 形容詞　エ 形容動詞
オ 連体詞　カ 副詞　キ 接続詞　ク 感動詞
ケ 助動詞　コ 助詞

(1)［　］ (2)［　］ (3)［　］
(4)［　］ (5)［　］ (6)［　］
(7)［　］ (8)［　］ (9)［　］
(10)［　］ (11)［　］ (12)［　］
(13)［　］ (14)［　］ (15)［　］
(16)［　］ (17)［　］ (18)［　］
(19)［　］ (20)［　］

2 【文法（助動詞・助詞の区別）】

次の――を付けた部分と同じ意味・用法のものを、あとのア～エからそれぞれ1つ選び、記号で答えなさい。

(1) 初めて作ったインドカリーのでき具合が案じられる。

ア この辛さのカレーなら食べられる。
イ カレーは明治時代に日本に伝えられた。
ウ カレー屋にお客様が来られる。
エ どこからともなくカレーの香りが感じられる。

(2) 運ばれてきたカレーはいかにも辛そうだ。

ア 神保町はカレーの聖地と言われるそうだ。
イ 先生はインドカリーが好きだそうだ。
ウ 辛口までならなんとか食べられそうだ。
エ 札幌を発祥にしてスープカリーが広がったそうだ。

(3) いくらなんでもこの量のカレーは食べきれない。

ア タイのグリーンカレーは食べたことがない。
イ 冷蔵庫に残しておいたカレーがない。
ウ レシピがわからない複雑な味のカレーに出会う。
エ 今まで出会ったことがない味のカレー。

(4) 日本のカレーは独自に進化していった。

ア 彼の作ったカレーライスは絶品だ。
イ 冷蔵庫にあるカレーは僕のだ。
ウ 気をつけていたのにシャツにカレーがはねてしまった。
エ どうしてそんなにカレーが好きなの？

(5) 満足しているような表情でカレーを食べている。

ア 父はプロのような深い味わいのあるカレーを作ることができる。
イ ラーメンもカレーのように日本独自の発展をした国民食だ。
ウ 墨汁のような色をしたカレーが運ばれてきた。
エ この匂いはどうやらカレーを作っているようだ。

(6) かなりの辛さだが、このカレーはやみつきになる。

ア 注文したカレーが運ばれていた。
イ カレーだけが、僕の心をいやしてくれる。
ウ 高いが、それだけの価値のあるカレーだ。
エ 息子はカレーが大好物だ。

(1)［　　］ (2)［　　］ (3)［　　］
(4)［　　］ (5)［　　］ (6)［　　］

3 【敬語】
次の——を付けた言葉を適切な表現にそれぞれ書き直しなさい。

(1) 私の父が感激したとおっしゃっていました。
(2) 料理は温かいうちにいただいてください。
(3) 先生が申したことをノートに書き留める。
(4) 私からお宅においでになります。
(5) 今朝のニュースを拝見しましたか。
(6) 私のお母さんから先生に伝えるように言われました。
(7) こちらにお名前をお書きしてお待ちください。
(8) 西村先生は部屋におりますか。
(9) 祖父が部屋の観葉植物に水をあげる。
(10) ご連絡いただいた件、了解しました。

(1)［　　］　(2)［　　］
(3)［　　］　(4)［　　］
(5)［　　］　(6)［　　］
(7)［　　］　(8)［　　］
(9)［　　］　(10)［　　］

4 【季語】
次のア～エの俳句について、表現されている季節が他の三つと異なるものを1つ選び、記号で答えなさい。

ア 夏草や兵《つわもの》どもが夢の跡
イ 荒海や佐渡《さど》によこたふ天河《あまのがわ》
ウ 五月雨をあつめて早し最上川《もがみがわ》
エ 閑《しづ》かさや岩にしみ入る蝉の声

［　　］

5 【枕詞】
次の和歌から枕詞を書き抜きなさい。

(1) 誰そこの　我がやどに来呼ぶ　たらちねの　母にころはえ　物思ふ我を
(2) ひさかたの　光のどけき　春の日に　静心《しづこころ》なく　花の散るらむ

(1)［　　］　(2)［　　］

6 【句切れ】つぎの短歌の句切れにそれぞれ斜線を入れなさい。ただし、句切れなしの場合は短歌の終わりに斜線「／」を入れること。

(1) 白鳥は　かなしからずや　空の青
海のあをにも　染まずただよふ

(2) なにとなく　君に待たるる　ここちして
出でし花野の　夕月夜かな

(3) 心なき　身にもあはれは　知られけり
しぎ立つ沢の　秋のゆふぐれ

(4) 海恋し　潮の遠鳴り　かぞへては
少女となりし　父母の家

7 【歴史的仮名づかい】次の読み方を現代仮名遣《かなづか》いで、すべてひらがなで書きなさい。

(1) うつろひ
(2) すなはち
(3) こゑ
(4) もちゐる
(5) かはづ
(6) はぢ
(7) けふ
(8) をとこ
(9) くわし
(10) かうべ

(1) [　　　]
(2) [　　　]
(3) [　　　]
(4) [　　　]
(5) [　　　]
(6) [　　　]
(7) [　　　]
(8) [　　　]
(9) [　　　]
(10) [　　　]

DAY 1 2 3 4 5 6 7

DAY 3

選択肢問題（最も近い気持ちを選ぶ）

目標時間 15分

STEP 1 選択肢問題（最も近い気持ちを選ぶ）の解法手順

小説文の読解でよく出題されるのが、本文の一部に傍線が引かれていて「その傍線部の気持ちに最も近いものを次の選択肢から選べ」という問題です。

この問題の解き方のコツは、**各選択肢文の最後に書かれている「〜気持ち」というところに線を引くこと**です。線を引くことで、選ぶポイントが見た目にわかりやすくなり、選びやすくなります。

傍線部、または傍線部前後の言葉と各選択肢文の言葉、特に最後に書かれている気持ちの言葉と照らし合わせて、最も近いものを選びましょう。

1. 各選択肢の最後に書かれている気持ちの言葉に線を引く
2. 傍線部と「1」を照らし合わせ、近い選択肢を絞る
3. 設問文の「このとき」にあたる本文に線を引く
4. 選択肢文の「1」以外の言葉と「3」を照らし合わせ、最も近い選択肢を特定する

STEP 2 読解練習

1 次の文章を読んで、あとの各問に答えよ。（＊印の付いている言葉には、本文のあとに〔注〕がある。）〈東京都・改題〉

目覚ましをセットした時刻を三十分も過ぎている。知らないうちに止めて、またうとうとしてしまったらしい。慌ててパジャマのまま台所へ飛んでいくと、ヨシ江《え》が洗い物をしているところだった。

「シゲ爺《じい》は？」

「ああ、おはよう。」

「おはよ。ねえ、シゲ爺は？」

「さっき出かけてっただわ。」

「うそ、なんで？」

ほんのちょっと声をかけてくれたらすぐ起きたのに、どうして置いていくのか。部屋を覗《のぞ》いた曾祖父母《そうそふぼ》が、〈よーく眠ってるだわい〉〈可哀想《かわいそう》だからこのまま寝かせとくだ〉などと苦笑し合う様子が想像されて、地団駄を踏みたくなる。

「どうして起こしてくんなかったの？　昨日あたし、一緒に行くって言ったのに。」

　するとヨシ江は、スポンジで茶碗《ちゃわん》をこすりながら雪乃《ゆきの》をちらりと見た。

「起こそうとしただよぅ、私は。けどあのひとが、ほっとけって言うだから。」
[1]「……え？」
「『雪乃が自分で、*まっと早起きして手伝うから連れてけって言っただわ。こっちが起こしてやる必要はねえ、起きてこなけりゃ置いてくまでだ』って。」

　心臓が硬くなる思いがした。茂三《しげぞう》の言うとおりだ。

　無言で洗面所へ走ると、超特急で顔を洗い、歯を磨き、部屋へ戻ってシャツとジーンズに着替えた。ぼさぼさの髪をとかしている暇はない。ゴムでひとつにくくる。

　土間で長靴を履き、

「行ってきます！」

　駆け出そうとする背中へ、ヨシ江の声がかかった。

「ちょっと待ちない、いってぇどこへ行くつもりだいや。」

　雪乃は、あ、と立ち止まった。そうだ、今日はどの畑で作業しているかを聞いていない。

「そんなにまっくろけぇして行かんでも大丈夫、爺やんは怒っちゃいねえだから。」

　ヨシ江は笑って言った。〈まっくろけぇして〉とは、慌てて、という意味だ。目の前に、白い布巾《ふきん》できゅっとくるまれた包みが差し出される。

「ほれ、タラコと梅干しのおにぎり。行ったらまず、座ってお食べ。朝ごはん抜きじゃあ一人前に働けねえだから。」

「……わかった。ありがと。」

「急いで走ったりしたら、てっくりけぇるだから、気をつけてゆっくり行くだよ。雪ちゃんが後からちゃーんと行くって、爺やんにはわかってただわい。いつもは出がけになーんも言わねえのに、今日はわざわざ『ブドウ園の隣の畑にいるだから』って言ってっただもの。」

　再びヨシ江に礼を言って、雪乃は外へ出た。

　あたりはもう充分に明るい。朝焼けの薔薇《ばら》色もすでに薄れ、青みのほうが強くなっている。すっかり春とはいえ、この時間の気温は低くて、息を吸い込むとお腹《なか》の中までひんやり冷たくなる。

　よその家の納屋《なや》に明かりが灯《とも》っている。どこかでトラクターのエンジン音が聞こえる。農家の朝はとっくに始まっているのだ。大きく深呼吸をしてから、雪乃は、やっぱり走りだした。

　長靴がぽがぽがぽと鳴る。まっくろけぇしててっくりけぇることのないように気をつけながら、舗装された坂道を駆け上がる。ふだん軽トラックですいすい登る坂が、思ったよりずっと急であることに驚く。

　息を切らしながらブドウ園の手前を左へ曲がり、砂利道に入ってなおも走ると、畑が見えてきた。整然とのびる畝《うね》の間に、紺色の*ヤッケを着て腰をかがめる茂三の姿がある。急に立ち止まったせいで足がもつれ、危うく本当にてっくりけぇりそうになった。

「シ……。」

②張りあげかけた声を飲みこむ。

ヨシ江はあんなふうに言ってくれたけれど、ほんとうに茂三は怒っていないだろうか。少なくとも、すごくあきれているんじゃないだろうか。謝ろうにも、この距離ではどんなふうに切り出せばいいかわからない。

布巾でくるまれたおにぎりをそっと抱え、立ち尽くしたままためらっていると、茂三が立ちあがり、痛む腰を伸ばした拍子にこちらに気づいた。

「おーう、雪乃。やーっと来ただかい、寝ぼすけめ。」

笑顔とともに掛けられた、からかうようなそのひと言で、胸のつかえがすうっと楽になってゆく。手招きされ、雪乃はそばへ行った。

「ごめんなさい、シゲ爺。」

「なんで謝るだ。」

ロゴの入った帽子のひさしの下で、皺《しわ》ばんだ目が面白そうに光る。

「だってあたし、あんなえらそうなこと言っといて……。」

「そんでも、こやって手伝いに来てくれただに。」

「それは、そうだけど……。」

「婆《ばあ》やんに起こされただか?」

「ううん。知らない間に目覚ましを止めちゃったみたいで寝坊したけど、なんとか自分で起きたよ。」

起きたとたんに〈げぇっ〉て叫んじゃった、と話すと、茂三はおかしそうに笑った。

「いやいや、それでもてぇしたもんだわい。いっつも、婆やんがぶつくさ言ってるだに。『雪ちゃんは、起こしても起こしても起きちゃこねえでおえねえわい』つって。それが、いっぺん目覚まし時計止めて、そんでもなお自分で起きたっちゅうなら、そりゃあなおさらてぇしたことだでほー。」

「……シゲ爺、怒ってないの?」

「だれぇ、なーんで怒るぅ。起きようと自分で決めて、いつもよりかは早く起きただもの、堂々と胸張ってりゃいいだわい。」

雪乃は、頷《うなず》いた。目標を半分しか達成できなかったのに、半分は達成できた、と言ってくれる曾祖父のことを、改めて大好きだと思った。

「よし、そんなら手伝ってくれ。ジャガイモの※芽《め》掻《か》きだ。ああ、やその前に、まずはそれを食っちまえ。ゆっくり嚙《か》んでな。」

雪乃が手にしている布包みの中身がおにぎりだと、一目でわかったらしい。畑の端に座ってタラコと梅干しのおにぎりを食べながら、茂三の手もとを見守る。去年の十一月、骨にひびが入った手首はだいぶ良くなったようだが、無理な力がかかるとやはり痛むらしい。

ひと月ほど前、航介《こうすけ》とともに雪乃も植え付けに参加した。半分にしたイモの切り口に草木灰をつけて乾かし、断面を下に、芽を上にして植えてゆくのだ。父親は別のやり方も試してみると言って、畑の奥半分は断面のほうを上にして植えていた。昔からあった方法らしいが、最近の研究では、このほうが収穫は遅くなるけれども病気にかかりにくいという結果が出たのだそうだ。

お父さんもいろいろ勉強してるんだな、と思ってみる。自分にとって新しいことを始める時は、茂三のような大先輩の培《つちか》ってきた知恵を素直に受《う》け容《い》れることも大切だし、また一方で、すべてを鵜呑《うの》みにするのではなく、一旦は疑ってみることも必要なのかもしれない。

よく噛んで、けれどできるだけ急いで食べ終えて、雪乃は茂三のそばへ行った。一緒にジャガイモの畝の間にかがみ込む。

（村山由佳『雪のなまえ』による）

〔注〕**まっと**――もっと。**ヤッケ**――フードの付いた、防風・防水・防寒用の上着。**芽掻《めか》き**――果樹、野菜等の発育を調整するために、不要な芽を、長く伸びないうちに指で取ること。

問1　傍線部（1）「……え?」とあるが、このときの雪乃の気持ちに最も近いものを、次のア～エから1つ選び、記号で答えなさい。

ア　ヨシ江がどのようにして、温厚な茂三に自分のことを放っておけと言わせたのか、ヨシ江から聞いてみたいと思う気持ち。

イ　起こしてくれると約束していた茂三が、自分を置いたまま畑に行ったことが信じられず、ヨシ江の言葉を疑う気持ち。

ウ　茂三とヨシ江が、苦笑しながら自分を起こさずに置いていこうとする様子を想像し、悔しさが込み上げる気持ち。

エ　一緒に畑へ行きたいと伝えていたにもかかわらず、茂三が自分を放っておくように言ったと聞き、戸惑う気持ち。

［　　］

問2　傍線部（2）「張りあげかけた声を飲みこむ。」とあるが、このときの雪乃の気持ちに最も近いものを、次のア～エから1つ選び、記号で答えなさい。

ア　畑まで急いで走ってきたため、思っていた以上に早く着き、茂三を驚かせようとして声のかけ方を決めかねている気持ち。

イ　畑で農作業をしている茂三のそばに駆け寄り、話しかけようとしたが、なかなか気づいてもらえず困惑する気持ち。

ウ　茂三が、自分に対してどのような思いを抱いているかつかみきれず、声をかけることをためらう気持ち。

エ　茂三が快く許してくれないと思うと、自分から声をかけづらく、気づくまで待つことでしか誠意を示せないと思う気持ち。

［　　］

1
2
DAY 3
4
5
6
7

DAY 4

選択肢問題（最も適切な理由を選ぶ）

目標時間 15分

STEP 1 選択肢問題（最も適切な理由を選ぶ）の解法手順

論説文の読解でよく出題されるのが、本文の一部に傍線が引かれていて「その傍線部の理由に最も近いものを次の選択肢から選べ」という問題です。

この問題の解き方のコツは、**各選択肢の文章を前半、後半に分けること**です。長い文を短く分けて、分けた文ごとに本文に書かれている理由の部分と比べることで、正誤を判断する精度が上がります。

本文で述べられている理由が書かれている部分を、各選択肢の分けた部分ごとに照らし合わせて、最も近い理由を選びましょう。

1. **傍線部の言葉に似た内容が書かれているところを傍線の前後から探す**
2. **選択肢の文章を読点をめやすに前半、後半に分ける**
3. **前半、後半に分けた選択肢の文章をそれぞれ、傍線前後に書かれた傍線部の内容に似た内容と照らし合わせる**

STEP 2 読解練習

1 次の文章を読んで、あとの問いに答えよ。（＊印の付いている言葉には、本文のあとに〔注〕がある。）〈東京都・改題〉

人間以外の動物の行動を観察すると、原始的なレベルではあるが、知能的と呼ぶにふさわしい行為を行っていると考えざるを得ない場面に遭遇する。そうでなければ多くの動物が見せるかなり複雑な振《ふる》舞《ま》いを説明できない、という意味である。例えばタイに生息するカニクイザルは、石を道具に使ってカニや植物の実の堅い殻を割って果肉を取り出す。対象ごとに石を変える。鳥でさえ、厚手の木の葉をむしって細長いヘラ状のものをつくり、それを道具として用いて、木の穴の中の虫をつり出して餌とするものがいる。このような特殊なものでなくても、多くの動物の行動はでたらめなものではなく、一連の目的、例えば餌を獲るという目的を達成するために、一定の秩序だった必然的な行動を取っている。中には行動パターンとして見た場合、人間の子供より複雑なものもある。(1)人間や動物という先入観を離れて、純粋に行為の知能性という点で見れば、知能の違いは計画的な行動の複雑さの違いに現れるものであって、人間と動物の間で本質の部分に大きな差はないと言える。（第一段）

動物の例を持ち出したのは、原始的人間と動物の間に大きな違いがないことを示すためであるが、同時に、言語以前の原始的人間の振舞いを直接観察することはできないが、動物は現代でも観察ができるし、人間に比べて動作パターンが少なく、かつ固定的なので、知能的な行為の観察がしやすいからでもある。動物の行動目的の大部分は餌を獲ることと子孫を残すために異性と交配することであり、この目的を達成するために、多くの動物が、走る、跳ぶ、伏せる、飛ぶ、といった生物的機能として自然に備わった単純な行為を組み合わせて複合的な行動を行っている。でたらめに基本的な機能を組み合わせたのでは目的を達するような動きができるわけではないから、事前に行動の計画を立てているに違いない。これが行為の知能性である。（第二段）

しかし動物の行為を「考える行為」と言い切ってしまうには、どこか違和感のあることも確かである。動物では目的が限定的で、方法が固定されている。したがって、行動パターンも種ごとにほぼ固定されている。動作が複雑で、知能的に見えていても、それは個々の個体が考えてつくり上げるものではなく、種としての経験から、何代にもわたってつくり上げられたものを踏襲しているに過ぎない。したがって動物の行動パターンは親の代、さらには遠くさかのぼって先祖の代のものから大きく変わっていない。これに対し人間の場合は目的が多様であり、個人がそれぞれ自分の目的を持つ。そのための目的達成の方法を個人が状況に応じて動的に見いださなければならない。この「目的とその達成の方法を動的に見いだす」ことこそが考えることの本質と解釈すると、「考える」のはあくまで人間のみであることになる。動物における一見知的な行為は、その動物が個体として「考える」のではなく、種として先祖から受け継いだものであり、通常、「本能的」、と表現される。（第三段）

動的に考えるかどうかは、概念の表現と記憶の方式に関連する。すなわちこの差は、現代の人間は概念の表現と記憶を言語というソフトウェアで行うのに対し、動物は生理的構造というハードウェアでそれを行っている、という機構的な違いによる。「既存概念による考え方」の原点が生理的構造にあり、言葉はその生理的構造のコピーと考えると、そして多くの人間が「既存概念による考え方」によっている事実を考えるなら、人間の「考え方」の基本部分の本質は動物の「本能的な行為」と実質的に大きな差がないように見える。（第四段）

これに対し「脱既存概念の考え方」のほうは動物的な「本能的な行為」とは異質である。新しく発想するという「脱既存概念の考え方」は、この点で、多くの人がそれで満足してしまっている「既存概念による考え方」とは一線を画している。「脱既存概念の考え方」こそが、人間でなければできないものである。社会的にも大きな変革が期待されるのはこの「脱既存概念の考え方」である。人には、目に見えていないことをイメージする能力があるのに、チンパンジーではそれができないと報告されているが、この違いが「脱既存概念の考え方」にとって本質的なものであるか、あるいはこれも、概念の表現と記憶を言語というソフトウェアで行っているためであるかどうかは、今のところはっきりしていない。しかし「考え方」も、神によって与えられたもの、であるよりは、「考え方」の知的進化の必然的結果である、とするのがより科学的な立場である。人間の場合、言語の発達によって、「考え方」も進化した結果、表面的には動物との違いが大きくなり、デカルト*的な見方が表れたと解釈できる。以下ではこのことを明らかにしていきたい。（第五段）

　何につけ、議論しようとしたら、まずその議論の対象はどのようなものかを定義しておかなければならない。「考える」ことについても同様である。（第六段）

「考える」にもさまざまなものがある。何かのきっかけでふと思い出した過去の一場面、まだ若かった両親に連れられて行った遊園地の情景、それから連鎖的に次々と心に浮かんでくる追憶の場面も「考える」ことの一種である。しかし、このような誰にとっても楽しく、何ら技巧を必要としないし、目的もない「考える」は、自然のままに任せるのがよいだろう。以下で取り上げるのは、「考え方」という一種の技術あるいは方法を要するもの、である。これを、「目的達成の方法を動的に見いだす」ことであるとした。ただし、これは目的が与えられているときにその実現方法を考えるという、「考える」ことの一つの例である。一般にはこの形の「考える」行為が多いが、ときには、「何をすべきか」、という目的そのものについて考えることもある。学生が将来の進路を考える、政治家が国の繁栄のために何を為《な》すべきかを考える、など、このような例も多い。（第七段）

　これらは、たとえ漠然としたものではあっても何か目的意識のもとでの「考え方」であるが、人間として、あるいは社会人としてどのように考え、どのように生きるべきであるか、といった、さらに抽象的で高度な「考え方」もある。後者は「「考え方」についての「考え方」」といった意味合いのものを含み、知的機能のレベルで言えば、具体的な目的を持つ行為、言い方を変えれば即物的な「考え方」より上位のものである。突然、「知的機能のレベル」などと言ってしまったが、目下《もっか》の議論には直接関わりがないので、具体的な目的意識のもとでの「考え方」について考える。（第八段）

　目的は、例えば「行動計画を立てる」や「（新製品開発において）高性能を達成する」、「新しいビジネスモデルをつくる」などさまざまであり、「考える」対象や状況の違いによって「考える」内容は異なるけれど、どの場合でも共通しているのは、「考える」行為には必ず何らかの動機と目的や方法などその前提条件があることである。これは「考える」ことの一般的な条件であり、「既存概念による考え方」でも「脱既存概念の考え方」にも共通である。以下「考え方」についての議論では、目的が明確に意識されていることを前提とする。明確に、とは明文化されるほどに、という意味である。以下ではこれを「考える目的」のように表す。（第九段）

　すでに触れたように、現実には多くの人は無意識に「考える」という行為を行っている。「考えを変えろ」と言われても、どのようにしたらよいかわからないのもそのためと言える。しかしそれでも人はでたらめに頭を働かせているわけではない。一定の手順を踏んで考えていることは確かである。この「考える」という行為を明示することによって、異なる「考え方」と比較したり、（もしできるなら）理想的な「考え方」を表現すること、また理想的な「考え方」に比べて実際に人が行っているのはその一部であること、そして足りない部分は何かをはっきりさせることができる。それにはまず、動機となっている「考える」目的を達成するように行われる行為のモデルをつくり、その構造を表現する。現実には、多くの場合、人は無意識に考えている。仮に意識していたとしても「考える」目的や、考える途中で得た概念をそのつど言葉に出すことはしない。しかしそれを明示することによって、気付かなかった誤りや考え落ちを見いだし、「考える」ことを変える根拠が見えてくる。また明示することによって「考える」ことのモデルがコンピュータ化される。人工知能という研究分野がこのようにして発展してきた。（第十段）

しかし「考える」ことのすべてを明示できるわけではない。大ざっぱな言い方になるが、「既存概念による考え方」は明文化のできる部分、したがってコンピュータ化ができる部分が多く、「脱既存概念の考え方」は明文化ができない部分、したがってコンピュータ化ができない部分を含んでいる、と言うこともできる。（第十一段）

（大須賀節雄『思考を科学する』による）

〔注〕**デカルト的な見方**――デカルトは西洋の哲学者であり、デカルト的な見方とは、ここでは理性のある人間と他の動物を区別する見方である。

問1　傍線部(1)「人間や動物という先入観を離れて、純粋に行為の知能性という点で見れば、知能の違いは計画的な行動の複雑さの違いに現れるものであって、人間と動物の間で本質の部分に大きな差はないと言える。」とあるが、筆者がこのように述べたのはなぜか。最も適切なものを次のア～エから1つ選び、記号で答えなさい。

ア　多くの動物は複雑に統制された行動をしており、人間が社会の中で規律正しく行動することと同じ程度の社会性があると考えているから。

イ　動物の行動には定められた目的達成の方法があり、状況に応じて最適な方法で目的を達成する人間と質的な差はないと考えているから。

ウ　多くの動物の複雑な振舞いは目的達成に向けた適切な行動であり、人間の本能的な段階の行動と根本的な違いはないと考えているから。

エ　動物は状況の変化に応じて行動の目的を設定しており、人間の子供と比較しても環境に適応する能力に大きな差はないと考えているから。

〔　　〕

1
2
3
DAY 4
5
6
7

DAY 5

選択肢問題（最も適切な説明を選ぶ）

目標時間
15分

STEP 1 選択肢問題（最も適切な説明を選ぶ）の解法手順

論説文の読解で「理由を選ぶ問題」に並んでよく出題されるのが、本文の一部に傍線が引かれていて「その傍線部の説明に最も近いものを次の選択肢から選べ」という問題です。

この問題の解き方のコツも「理由を選ぶ問題」と同じく、**各選択肢の文章を前半、後半に分けること**です。長い文を短く分けて、分けた文ごとに本文に書かれている理由の部分と比べることで、正誤を判断する精度が上がります。

本文で述べられている理由が書かれている部分を、各選択肢の分けた部分ごとに照らし合わせて、最も正しい説明を選びましょう。

1 選択肢の文章を、読点をめやすに前半、後半に分ける
2 各選択肢の文章の違いを見た目にわかりやすくする
3 前半、後半に分けた選択肢の文章をそれぞれ、設問の言葉と照らし合わせる

STEP 2 読解練習

1 次の文章を読んで、あとの問いに答えよ。（＊印の付いている言葉には、本文のあとに〔注〕がある。）〈東京都・改題〉

問題は誤った情報を信じるかどうかではなく、誤った情報に基づいて行動するかどうかである。もちろん、私たちは何らかの行動をするとき、それに関連する情報に基づいて行動するから、誤った情報を正しいと信じてしまうと、ふつう行動が失敗する可能性が高まる。しかし、ある種の誤った情報については、たとえ「そうだ、その通り」と共鳴しても、それに基づいて行動することがないというのであれば、さしたる実害は生じない。（第一段）

フェイクニュースは多くの人にとってそのような種類の情報であるように思われる。ほとんどの人はフェイクニュースに基づいて行動することはない。たとえフェイクニュースを信じたとしても、行動に関係させない程度の「軽い」感じで信じるにすぎない。しかし、そうだとすれば、そのような情報にはたして情報としての意味があるのだろうか。情報は信頼性が命だということは、情報がその正しさによって行動を成功に導くということが情報の命だということであろう。情報はただ正しいというだけでは意味がない。情報に依拠した行動が成功を収めてはじめて意味をもつ。そうだとすれば、そもそも行動に関係させないような情報など、何の意味もないのではないだろうか。（第二段）

今日、フェイクニュースは大量に生産され、大量に消費されているが、人々はいったいそれをどのように消費しているのだろうか。行動に関係させるという通常の仕方でないとすれば、どのような仕方で消費しているのだろうか。それはおそらく「娯楽」であろう。フェイクニュースは面白ければよい。真かどうかはたいした問題ではなく、面白いかどうかが問題だ。人々はフェイクニュースを行動に役立てるための情報としてではなく、面白さを享受するための情報として消費している。（第三段）

一般に、面白さの享受は私たちの＊ウェルビーイングに貢献する。小説、映画、お笑いなど、娯楽は多岐にわたるが、私たちの自己物語に何か特別な事情でもない限り、娯楽は私たちの人生に潤いを与えて、ウェルビーイングを高めてくれる。しかし、フェイクニュースを娯楽として消費することは、たとえそれが面白さを味わわせてくれるとしても、はたして私たちのウェルビーイングを高めるだろうか。いや、誤った情報ではなく、たとえ正しい情報であったとしても、情報を娯楽として消費することは、私たちのウェルビーイングを向上させるのだろうか。（第四段）

情報は不確定性を減らして行動を成功に導くために消費されるべきものである。したがって、情報を面白さの享受のために消費することは、情報の本来のあり方に反している。実際、情報を娯楽として消費する人は情報の真偽をあまり気にかけていないだろう。あるいは、気にかけていても、誤った情報をあえて真だとみなすことで、単なるフィクションからは得られないような危うい面白さを味わおうとするだろう。(1)いずれにせよ、情報を娯楽として消費する人は、情報を情報として真摯に受け止めていない。したがって、娯楽として情報を消費することは、情報の＊欺瞞《ぎまん》的な利用を孕《はら》んでいる。つまり、＊真正性が欠如しているのである。そうだとすれば、情報の娯楽的な消費は結局のところ、私たちのウェルビーイングを高めるどころか、むしろ損なうであろう。（第五段）

情報にはアナログ情報とデジタル情報がある。情報社会で猛威を振るっているのは、もちろんデジタル情報である。アナログ情報は連続性によって定義され、脳や身体のような生物的な媒体（バイオメディア）における情報はアナログである。一方、デジタル情報は離散性によって定義され、コンピュータが処理する電子的な媒体での情報はデジタルである。私たちは今日、生物として相変わらずアナログ情報を使って脳や身体の生命活動を行っているが、その一方で、コンピュータによって処理されるデジタル情報を使って画期的な情報社会を成立させている。（第六段）

しかし、コンピュータの凄《すさ》まじい発達によって、やがてAIが人間の知能を上回る時点、すなわちシンギュラリティがやってくると言われる。もしそうなれば、人間はＡＩに仕事を奪われて、生きていけなくなるかもしれない。このような*ディストピアの可能性を前にして、時に人間の生き延びる方*途として、電脳空間へのマインド・アップローディングが語られる。自分の記憶、知識、目標など、心の内容をすべて電子媒体でのデジタル情報に変換し、それを電脳空間にアップロードして、デジタル情報の集合体として生き延びていこうというわけである。（第七段）

はたしてこのような仕方で人間は生き延びていくことができるだろうか。たしかにＡＩが電子媒体のデジタル情報を駆使して人間を上回る知能を獲得した暁には、人間が生物媒体のアナログ情報を用いて脳や身体を活動させて生きていくという効率の悪い生存様式は、*淘汰《とうた》されてしまうことになるかもしれない。しかし、電脳空間に心をアップロードしたからといって、はたして私たちは生き延びていけるのだろうか。（第八段）

ここで注意すべきなのは、私たちの心は現在、脳と身体によって実現されており、それゆえその心の内容は生物媒体のアナログ情報からなるということである。そうすると、アップローディングのさいに心の内容を電子媒体のデジタル情報に変換するということは、生物媒体のアナログ情報をそのようなデジタル情報に変換するということである。たしかに音楽ＣＤが示すように、デジタル情報は限りなく高い精度でアナログ情報をシミュレートすることができるから、そのような変換を行っても、重要な情報が失われるということはないであろう。しかし、生物媒体のアナログ情報を変換したデジタル情報は元の生物的アナログ性をいわばその「名残」として引きずっている。アップロードされた心はこのような名残を留《とど》めたデジタル情報の集合体である。そのようなものがはたして電脳空間で生き延びていけるだろうか。（第九段）

情報は自由になりたがっていると言われる。電脳空間は電子媒体のデジタル情報がＡＩの*アルゴリズムによって超高速に処理される空間である。このような電脳空間の特徴にふさわしいあり方をすることが情報にとっての自由であろう。そうだとすれば、生物媒体のアナログ性を名残として引きずるデジタル情報が、電脳空間においてその名残を引きずったまま維持されることはないだろう。それはやがて自由を求めてその名残を振り払い、電脳空間にふさわしいあり方へと根本的な変貌を遂げるだろう。そうなれば、おそらくアップロードされた私たちの心はもはや人間の心ではなくなり、私たちは消滅の憂《う》き目《め》に合うことになろう。（第十段）

電子媒体のデジタル情報が求める自由は、そのような情報にとってのいわば「ウェルビーイング（善《よ》き在り方）」であろう。しかし、それは私たちにとってのウェルビーイングではない。生物媒体のアナログ情報を基盤とする私たちは、電脳空間へのアップローディングに生存の道を求めたとしても、そこで生き延びるのは難しく、ましてやウェルビーイングを達成するのは至難であろう。私たちは私たちの基盤である生物媒体のアナログ情報を大切にして、それによって自らの生存およびウェルビーイングを達成するしかない。そのためには、デジタル情報の集合体と化すのではなく、やはりアナログ情報の集合体のまま、何とかＡＩと共生する道を見いだすしかないだろう。ＡＩへの同化ではなく、ＡＩとの共生が唯一の生き延びる道だと思われるのである。（第十一段）

（河本英夫・稲垣諭 編『見えない世界を可視化する「哲学地図」：「ポスト真実」時代を読み解く10章』所収、信原幸弘「情報とウェルビーイング」（一部改変）による）

［注］**ウェルビーイング**――人生のよい在り方。　**欺瞞**《ぎまん》――だますこと。　**真正**――本物であること。　**ディストピア**――暗黒世界。　**方途**――方法。　**淘汰**《とうた》――環境に適応できないものが取り除かれること。　**アルゴリズム**――計算の手順。

問1　傍線部（1）「いずれにせよ、情報を娯楽として消費する人は、情報を情報として真摯に受け止めていない。」とあるが、「情報を娯楽として消費する」とはどういうことか。最も適切なものを次のア～エから1つ選び、記号で答えなさい。

ア　情報を、信頼性によって私たちを成功に導くものとして捉え、安全に行動するために使うということ。

イ　情報を、面白さを享受するためのものとして捉え、真偽にこだわらず楽しむために使うということ。

ウ　情報を、人生に潤いを与えるものとして捉え、私たちの生活の質を高めるために使うということ。

エ　情報を、自分に役立つものとして捉え、不確定性を減らして穏やかに生きていくために使うということ。

［　　］

column

選択肢問題で注意する言葉

選択肢文の中に次の言葉があったら要注意！　「×」の可能性が高い選択肢です。

本文にも同じ言葉か同じ意味の言葉があるかを照らし合わせましょう。

〈選択肢文中の要注意ワード〉

①「100％系」の言葉……「すべて」「常に」「必ず」「みんな」「いつでも」「どこでも」など

②「限定系」の言葉……「だけ」「のみ」「唯一」など

③「断言系」の言葉……「すべき」「ねばならない」

また、内容的に、社会道徳に反するような内容も、正解の選択肢にならない可能性が高いです。

（例）人類の発展のためには、自然環境の犠牲はやむを得ない
　　議論で解決できない場合、最後に有効なのは武力である

一方、道徳的でいかにももっともらしい一般論であっても、本文には書かれていないことであれば当然、不正解の選択肢になります。本文と照らし合わせないで、選択肢文だけ見て感覚に頼ると、不正解の選択肢を選んでしまいがちなので要注意です。

DAY 6

空らん補充問題

STEP 1 空らん補充問題の解法手順

「空らん補充問題」は文章ジャンルを問わず出題されます。この問題を解くコツは、**空らんの後に書かれた言葉に線を引くこと**です。線を引いたら、その言葉と同じか似た言葉を本文から探します。探し出したら、その言葉の前に書かれた言葉が空らんに入ります。もし、空らんの後に書かれている言葉がなかったら、空らんの前の言葉に線を引いて、その言葉と同じか似た言葉を本文から探します。探し出したらその言葉の後に書かれた言葉が空らんに入ります。

（例）　澄んだ□空
　　　　　　⇒　＝
　　　澄み切った青い空（後ろが同じなら前も同じ）

1. **空らんの後の言葉に線を引く**
2. **線を引いた空らんの後の言葉と同じ言葉か似た言葉を本文中から探す**
3. **「2」で探した言葉の前に書かれた内容から空らんに入れる言葉を特定する**

STEP 2 読解練習

目標時間　15分

1　次の文章を読んで、あとの問いに答えなさい。〈大阪府・改題〉

　過去や現在を分析して得られた知識は、未来の出来事を予測するときにある程度の指針には成り得ますが、未来の出来事がその通りに起こることはまずありません。

　まだ何も起こっていない未来は、過去の指針が示す以上に広範囲です。したがって、未来を考察するには、過去や現在の知識だけではなく、未来の状況や状態に関するより広範な「未来の知識」が必要になってくるのです。

　知識は研究によって生み出されます。ところが、一言で知識と言っても、多くの学問分野と未来学とでは、その生み出し方に根本的な違いがあります。他の学問分野では、研究対象は、過去に存在していたか、現在存在しているかのどちらかです。そこで、その研究対象を観察したり、それに対して何らかの実験を行ったりすることが可能であり、数値によるか言葉によるかの違いはありますが、その対象に関するデータを集めることができます。そして、これらのデータを分析することにより、事実や現実に関して新しいことがわかり、(1)それが、その分野の知識になります。

これに対して、未来学の研究対象は未来の出来事や未来の人々です。どれも、まだ存在していません。存在していなければ、データを得ることもできません。そのような状況で、未来についてわかることを「未来の知識」として示すために、未来学は「演繹《えんえき》的思考方法」と「想像力」を用います。

まず、未来の社会やその状況は、過去や現在との「類似の部分」とまったく「新しい部分」とから構成される、と考えます。

そして類似部分については、多くの学問分野に存在する知識を演繹的に活用して明らかにしようとします。たとえば、未来の経済状況を考える際には、経済を推進させる要因や停滞させる要因が経済学の知識としてわかっているので、それらが未来ではどのように働いていくかを考察します。また、未来の交通システムを考える場合には、過去の運輸技術はどのような背景の下に現れてきたか、それらの技術はどのような発展をたどってきたか、そして、交通システム、人、産業はどのような関係を築いてきたかといった交通システム分野での知識の中で、未来にも通用できると考えられるものを参考にします。

一方、未来のまったく新しい部分を考察するには、人間が持っている、未知の事柄を思い描く力である想像力を使います。客観的なデータに基づいて知識を生み出すという、広く受け入れられている科学的手法から判断すると、知識を主観的な想像力から生み出すことなど、一見、認められないことのように思われるかもしれません。しかし、研究において想像力を用いることは、すでに他の多くの学問分野で行われていることです。

たとえば、考古学では、大昔の人類がどのような暮らしをしていたのかを明らかにするために、人類の残した様々な痕跡を発掘し、それらを分析します。この点では、過去の事実を見つけそれを分析するので、客観的であると言えますが、分析結果を、知識として本や映像などのメディアに表現する時には、必ず人間の想像力を駆使します。過去は決して再現できないので、過去の様子の再現は、データを基にして想像力で補います。

このように、考古学、歴史学、文化人類学、宇宙学などのように、現在目の前に存在しえない対象を研究する学問分野では、必ず、研究者の想像力が活用されています。未来も、目の前に存在しません。したがって、まったく新しく起こるであろう部分を明らかにするためには、想像力が必要になってくるのです。

こうして、未来学では、過去や現在の類推で考えられる部分には既存の知識を演繹的に応用し、まったく未知の部分には想像力を働かせて、総合的に未来の知識を創造します。

（小野良太『未来を変えるちょっとしたヒント』による）

問1　傍線部（1）「それが、その分野の知識になります」とあるが、多くの学問分野における知識の生み出し方について、本文中で筆者が述べている内容を次のようにまとめた。[a]に入れるのに最も適しているひとつづきのことばを、本文中から二十五字で抜き出し、初めの五字を書きなさい。また、[b]に入る内容を、本文中のことばを使って二十字以上三十字以内で書きなさい。

> [a]のものごとを研究対象として、[b]ことによってわかった事実や現実に関する新しいことが知識となる。

a □□□□□

b □□□□□□□□□□ □□□□□□□□□20 □□□□□□□□□30

column

空らん補充問題は「要注意問題」

空らん補充問題は次の二点に注意して取り組みましょう。

注意点①……時間をかけ過ぎない

「答えそのものの言葉」か「答えとして使える部分」は本文に必ず書かれています。探し当てれば答えられる問題であるだけに、際限なく時間をかけてしまいかねません。探すのに時間がかかりそうであれば、見切りをつけて、後回しにするのがいいでしょう。

注意点②……一字一句、正確に書き抜く

「本文の言葉を使って」と指示がある場合は、本文の言葉を少しだけ変化させたり、書き足したりして答えを作成します。注意が必要なのは、むしろ「書き抜きなさい」という指示の場合です。書き抜く部分の本文の言葉がひらがなであればひらがなで、漢字であれば漢字でそのまま書き抜きます。読点（、）も一文字なので、本文に書かれているなら、そのまま書き写します。一文字でも不一致だと不正解になります。

記述問題

目標時間 15分

STEP 1 記述問題の解法手順

作文問題を除いて、**記述問題は自分で文章内容を考える必要はありません**。9割は本文の言葉を使って答え、残りの1割は設問に合わせて文末を付け足し、本文中の言葉がうまくつながるように補足すればOKです。記述問題は、**答えとして使えそうなところを探せれば、その部分を指定された文字数に合わせて調整して、答えを作成するだけ**です。

まずは、設問から答えの最後を決めます。次に傍線部の言葉と同じか、似た言葉を探します。探したら、その部分から、答えとなる文の最後から文章を組み立てます。

1 **設問から記述の答えの最後を決める**
2 **傍線部の言葉と同じ言葉か似た言葉を本文中の考えが述べられているところから探す**
3 **「2」で探した言葉から記述の答えとなる文を最後から組み立てる**

STEP 2 読解練習

1 **次の文章を読んで、あとの問いに答えなさい。**〈埼玉県・改題〉

高校卒業後、就職もアルバイトもなかなかうまくいかない「俺」（浩弥《ひろや》）は、近所のコミュニティハウスにある図書室で、司書の小町《こまち》さんや司書見習いののぞみちゃんと知り合う。そして、小町さんから飛行機をかたどった自作のぬいぐるみをもらい、『進化の記録』という本を読むようすすめられる。

図書室に入ると、小町さんがどどんと貸出《かしだし》カウンターにいてびっくりした。やっぱりざくざくとぬいぐるみを作っている。

俺は閲覧テーブルに座って、『進化の記録』を開いた。

こうしていると、昨晩乱れた心が少し落ち着いた。俺にはさして関心のない様子で、だけど拒絶もせず、すぐそばで手を動かし続けている小町さんの存在がありがたかった。いつでも本を読みにくればいいと言ってくれたことが。

　でも、それもいっときのことだ。一生ここで本を読んでいることはやっぱりできないだろう。小学生は時期がくれば卒業するけど、俺の節目は自動的にはやってこない。終わりも始まりも、誰も決めてくれない。

　自然淘汰《とうた》。環境に適応できない者は滅びる。

　それなら、適応できないってわかっていながら、好ましくない変異なんて思われながら、苦しい思いをしながらなんで生きていかなくちゃいけないんだ。

　俺自身にたいした力がなくたって、世渡りできる器用さがちょっとでもあればうまくやっていけるのに。たとえ多少卑怯《ひきょう》なことをしてでも。

　そんなふうに思いながらも、そうやって蹴落とされた側の痛みばかりがリアルに迫ってくる。光を当てられなかったウォレス[*]は、本当にダーウィンを「よき友人」なんて思っていたんだろうか。

　俺は開いたままの本の上につっぷした。

　小町さんが抑揚のない声で「どうした。」とつぶやく。

「……………ダーウィンって、ひどい奴《やつ》じゃないですか。ウォレスが不憫《ふびん》だ。先に発表しようとしたのはウォレスなのに、ダーウィンばっかりもてはやされて。俺、この本を読むまでウォレスなんて名前も知らなかった。」

　しばらく沈黙が続いた。俺はつっぷしたままで、小町さんは何も言わずにおそらく針を刺していた。


　少しして、小町さんが口を開いた。

「伝記や歴史書なんかを読むときに、気をつけなくちゃいけないのは。」

　俺は顔を上げる。小町さんは俺と目を合わせ、ゆっくりと続けた。

「それもひとつの説である、ということを念頭に置くのを忘れちゃだめだ。実際のところは本人にしかわからないよ。誰がああ言ったとかこうしたとか、人伝えでいろんな解釈がある。リアルタイムのインターネットでさえ誤解は生じるのに、こんな昔のこと、どこまで正確かなんてわからない。」

　こきん、と小町さんは首を横に倒す。

「でも、少なくとも浩弥くんはその本を読んでウォレスを知ったよね。そしてウォレスについて、いろんなことを考えている。それってじゅうぶんに、この世界にウォレスの生きる場所を作ったということじゃない？」

　俺がウォレスの生きる場所を？

　誰かが誰かを想《おも》う。それが居場所を作るということ……？

「それに、ウォレスだって立派に有名人だよ。世界地図には、生物分布を表すウォレス線なんてものも記されてる。彼の功績はちゃんと認められてると思うよ。その背後には、どれだけたくさんの名も残さぬ偉大な人々がいただろうね。」

　ざくざく、ざくざく。小町さんが無言になって、毛玉に針を刺しはじめる。

　俺は本に目を落とし、ウォレスのそばにいたであろう名も残さぬ[1]

人々のことを想った。

コミュニティハウスを出たところで、スマホが鳴った。

征太郎《せいたろう》からの電話だった。友達からの電話なんてほぼかかってきたことがなくて、俺は立ち止まり、緊張気味に出た。

「浩弥、僕……僕…。」

スマホの向こうで征太郎が泣きじゃくっている。俺はうろたえた。

「どうしたんだよ、おい、征太郎。」

「……作家デビュー、決まった。」

「は？」

「実は、年末にメイプル書房の編集さんからメールがあったんだ。僕、秋の文学フリマで小説の冊子を出していて、それを読んでくれた崎《さき》谷《たに》さんって人から。何度か会って打ち合わせして、少し手を入れる方向で、今日、企画が通ったって。」

「す、すげえ！　よかったじゃん！」

震えた。

すげえ、ほんとにすげえ。夢かなえちゃったよ、征太郎。

「浩弥に、一番に言いたかったんだ。」

「え。」

「僕が作家になれるわけないって、きっとみんな思ってた。でも高校のとき、浩弥だけは言ってくれたんだ。征太郎の小説は面白いから書き続けろって。浩弥は忘れちゃったかもしれないけど、僕にとってはそのひとことが原動力で、最強に信じられるお守りだったんだ。」

征太郎は大泣きしていたけど、俺も涙があふれて止まらなかった。

俺の……俺の小さなひとことを、そこまで大事にしてくれてたなんて。

でも、征太郎が書き続けて発表し続けてこられたのは、そのせいだけじゃない。きっと、征太郎の中に自分を信じる気持ちがあったからだ。

「じゃあ、もう水道局員じゃなくて作家だな。」

鼻水をすすりながら俺が言うと、征太郎は「ううん。」と笑った。

「水道局の仕事があったから、小説を書き続けることができたんだ。これからも辞めないよ。」

俺はその言葉を、頭の中で繰り返した。どういう意味だろうと考えてしまうような、でも理屈じゃなくすごくわかるような。

「今度、お祝いしような。」と言って、俺は電話を切った。

俺は気持ちを落ち着かせながら、ジャンパーの両ポケットに手を突っ込んだ。

左に*タイムカプセルの紙、右に小町さんがくれたぬいぐるみ。

どちらも入れたままになっていた。俺はふたつとも取り出し、それぞれの手に載せた。

飛行機。誰もが知ってる文明の利器。大勢の客や荷物を乗せて空を飛んでいても、今、驚く人はいない。

たった百六十年前――。

それまでヨーロッパでは、生物はすべて神が最初からその形に創ったもので、これまでもこれからも姿を変えることなんかないって固く信じられていた。

サンショウウオは火から生まれたと、極楽鳥は本当に極楽から来た使いだと。みんな真剣にそう思っていた。

だからダーウィンは発表することを躊躇《ちゅうちょ》したのだ。まさに、環境に適応しない考えを持つ自分自身が淘汰されることを恐れて。

でも、今や進化論はあたりまえになっている。ありえないって思われてたことが、常識になっている。ダーウィンもウォレスも、当時の研究者たちはみんな、自分を信じて、学び続けて発表し続けて……。

自分を取り巻く環境のほうを変えたんだ。

右手に載った飛行機を眺める。

百六十年前の人たちに、こんな乗り物があるって話しても誰も信じないだろう。

鉄が飛ぶはずないって。そんなものは空想の世界の話だって。

俺も思っていた。

俺に絵の才能なんてあるわけない、普通に就職なんてできるはずない。

でもそのことが、どれだけの可能性を狭めてきたんだろう?


そして左手には、土の中に保管されていた高校生の俺。四つ折りにされた紙の端をつまみ、俺はようやく、タイムカプセルを開く。

そこに書かれた文字を見て、俺はハッとした。


「人の心に残るイラストを描く」


たしかに俺の字で、そう書いてあった。

そうだったっけ……ああ、そうだったかもしれない。

どこかでねじまがって、勘違いが刷り込まれていた。壮大な夢を抱いていた。「歴史に名を残す」って書いてたと思い込んでいた。俺を認めてくれない世間や、ブラックな企業がはびこる社会が悪いって、被害者ぶって。でも俺の根っこの、最初の願いは、こういうことだったじゃないか。

丸めようとしていた俺の絵を、救ってくれたのぞみちゃんの手を思い出す。俺の絵を、好きだって言ってくれた声も。俺はそれを、素直に受け取っていなかった。お世辞だと思っていた。自分のことも人のことも信じてなかったからだ。

十八歳の俺。ごめんな。

今からでも、遅くないよな。歴史に名が刻まれるなんて、うんと後のことよりも……それよりも何よりも、誰かの人生の中で心に残るような絵が一枚でも描けたら。

それは俺の、れっきとした居場所になるんじゃないか。


（青山美智子《あおやまみちこ》著『お探し物は図書室まで』による。一部省略がある。）

（注）**ウォレス**……アルフレッド・ラッセル・ウォレス。イギリスの博物学者。（一八二三〜一九一三）

タイムカプセル……ここでは、浩弥が高校卒業時に埋め、最近の同窓会で掘り出されたもの。

問1　傍線部（1）「名も残さぬ人々のことを想った。」とありますが、このときの浩弥の心情はどのようなものですか。次の空欄にあてはまる内容を十五字以上、二十五字以内で書きなさい。

名も残さぬ人々に対しても、（　　）ことができるのかもしれない、という心情。

column

記述問題は「お得な問題」

記述問題に苦手意識を持っている人は多いですが、じつは「お得な問題」です。その理由は次の三点です。

①「記述問題」は、ほぼ「書き抜き問題」と同じ

作文問題や、私立難関校の一部の問題を除いて、高校入試の記述問題は、9割がた本文の言葉を使って答えられます。自分で文章を「考える」必要はありません。答えとして使えそうなところを探す「作業」です。

②配点が高いうえに、完全正解でなくても部分点がもらえる

記述問題は記号問題よりも高く配点が設定されていることがほとんどです。捨てるにはもったいない問題です。しかも、模範解答に含まれる言葉が書かれていれば、部分点が入ります。自信がなくても、答えを書いておけば数点もらえる可能性があります。（その点数が合格を決定させるかも……！）

③「記述問題」の難易度は意外と高くはない

記述問題の内容自体は、選択問題よりも難しくないことが多いです。指定文字数から、答えとして使えそうな本文の部分の予想もつけやすいです。答えられそうであれば部分点だけでも、もぎ取る姿勢で臨みましょう。

① 次の文章を読んで、あとの各問に答えよ。（＊印の付いている言葉には、本文のあとに〔注〕がある。）〈東京都・改題〉

高校生の美緒《みお》は、母親との言い争いをきっかけに、父方の祖父が営む岩手の染織工房《せんしょくこうぼう》で生活し始め織物制作《おりものせいさく》を学んでいる。八月上旬《じょうじゅん》、父親の広志《ひろし》から電話があり、母親と共に岩手に行くのでひとまず一緒に東京に帰らないかと言われた。同じ頃《ころ》、ショール作りの練習として作り始めたカーテンの色を決めかねていた美緒は、祖父から「コレクションルーム」で気に入った色を探すように言われた。


「おどる12人のおひめさま」と書かれた背表紙を見つけ、美緒は本を手に取る。

「これ、この絵本。これはまったく同じのを持ってた。」

ページをめくると、森の風景が目の前に広がった。

十二人の姫君が楽しそうに銀の森、金の森、ダイヤモンドの森を進んでいく。

「でも、あれ？　なんか印象が違う……。すごくきれい。昔、読んだときは絵が怖くて、全然好きじゃなかったんだけど。」

祖父が隣の本棚《ほんだな》の前に歩いていった。

「エロール・ル・カインが絵をつけたその話はグリム童話。ドイツ人の編纂《へんさん》だ。この話と似た伝承をイギリス人が編纂したものがある。そちらはカイ・ニールセンという画家が挿絵《さしえ》を描いているんだが。」

祖父が本を手に取り、戻ってきた。こちらのタイトルは漢字で「十二人の踊る姫君」とある。

あっ、と再び声が出た。

「それも持ってたよ。お誕生日のプレゼントにもらったの。」

ほお、と祖父が感心したような声を上げた。

「これはなかなか手に入りづらい本だ。ずいぶん探したんだろうな。」

それを聞いて、うしろめたくなった。

この本は四つの話を集めた童話集だ。長い間本棚に置いていたが、中学生になるとき、中学入試の問題集と一緒に処分しようとしたところを祖母＊が見つけ、横浜《よこはま》の家に持ち帰っていった。

この本にもやはり森を抜けていく十二人の姫君の絵があった。繊細な線で描かれた絵がとても神秘的だ。

「こんなきれいな本だったっけ、これも。」

「日本の絵本もいいぞ。実はこれは*ホームスパンではないかと、私がひそかに思っている話がある。」

祖父がもう一冊、絵本を差し出した。

宮沢賢治《みやざわけんじ》・作、黒井健《くろいけん》・絵「水仙月《すいせんづき》の四日《よっか》」とある。

本の扉《とびら》を開けると、雪をかぶった山の風景に目を奪われた。

この数ヶ月ですっかり見覚えた山の形だ。

「これ、もしかして、岩手山？」

「宮沢賢治は花巻《はなまき》と盛岡《もりおか》で生きたお人だからな。」

*さらにページをめくると、赤い毛布を頭からかぶった子どもが一人、雪原を行く姿が描かれていた。

「この子がかぶっているの、*私のショールみたい。」

そうだろう？　と答え、祖父は慈《いつく》しむように文章を指でなぞった。

「ここに『赤い毛布《けっと》』と書かれているが、私はこの子は赤いホームスパンをかぶっていたのだと思う。*雪童子《ゆきわらす》の心をとらえ、子どもの命を守り抜いた赤い布は、田舎者の代名詞の赤毛布《あかげっと》より、この子の母親が家で紡《つむ》いで作った毛織物だと思ったほうがロマンがあるじゃないか。話のついでだ。私の自慢《じまん》もしていいだろうか。」

「うん、聞かせて！」

祖父の手がのび、軽く頭に触れた。すぐに手は離れ、祖父はさらに奥の本棚へと歩いていった。一瞬だが、頭をなでられたことに気付き、きまりが悪いような、嬉《うれ》しいような思いで、祖父の背中を追う。
[1]「ねえ、おじいちゃん。あの棚の本、あとで私の部屋に持っていっていい？」
「一声かけてくれれば、なんでも持っていっていいぞ。」

一番奥の棚の前で祖父が足を止めた。そこには分厚く横にふくらんだノートが詰《つ》まっている。

祖父が一冊を手に取った。左のページには折り畳まれた絵が一枚貼ってある。さきほど見た絵本「水仙月の四日」の一ページだ。

右のページにはその絵に使われている色と、まったく同じ色に染められた糸の見本が貼ってあった。次のページには、たくさんの化学記号と数値が書き込まれている。

「これって、絵に使われた色を全部、糸に染めてあるの？」

「そうだよ。カイ・ニールセンやル・カインの絵本の糸もある。」

祖父が別のノートを広げると、さきほど見た「十二人の踊る姫君」の絵が左ページに貼られていた。「ダイヤモンドの森」の場面だ。

このノートも、「水仙月の四日」と同じく、絵に使われている色と同色の糸が右に貼られている。

「この糸で布を織ったら、絵が再現できるね。」

「織りで絵を表現するのは難しいが、刺繍《ししゅう》という手もあるな。」

「この糸で何つくったの？　見せて！」

「何もつくっていない。狙《ねら》った色がきちんと染められるかデータを取っていたんだ。ここにあるノートは私の父の代からの染めの記録だ。数値通りにすれば、完璧《かんぺき》に染められるというわけでもないが、道しるべみたいなものだな。」

下の棚にある古びたノートを取り出すと、紙は淡い茶色に変わっていた。鉛筆でびっしりと書かれている角張った文字は、祖父とは違う筆跡だ。

「もしかして、これが、ひいおじいちゃんの字？」

祖父がうなずき、中段の棚から一冊を出した。

「このあたりの番号のノートから私も染めに参加している。この時期は父の助手だったが。」
(2) ノートをのぞくと角張った字と、流れるような書体の祖父の筆跡が混じっていた。
曾祖父《そうそふ》の存在を強く感じ、美緒はノートの字に触れてみる。顔も姿も想像できないが、何十年も前に、このノートに曾祖父が文字を書いたのだ。

「お父さんがこの前言ってた……。ひいおじいちゃんの口癖《くちぐせ》は『丁寧《ていねい》な仕事』と『暮らしに役立つモノづくり』だって。」

「古い話を広志もよく覚えていたな。」


祖父が微笑《ほほえ》み、羽箒《はねぼうき》で棚のほこりをはらった。

「おじいちゃんは、お父さんが仕事を継がなくてがっかりした？」

「がっかりはしなかった。」

即答したが、そのあとの言葉に祖父は詰まった。

しばらく黙《だま》ったのち、小さな声がした。

「ただ……寂《さび》しくはあったな。それでも、娘に美緒と名付けたと聞いたとき、広志が家業のことを深く思っていたのがわかった。だから、それでいいと思ったよ。」

「えっ？　そんな話は聞いたことない。私の名前に何か意味があるの？」

祖父が、曾祖父がつけていたノートに目を落とした。

「美という漢字は、羊と大きいという字を合わせて作られた文字だ。緒とは糸、そして命という意味がある。美緒とはすなわち美しい糸、美しい命という意味だ。」

美しい糸、と祖父がつぶやいた。

「美緒という名前のなかには、大きな羊と糸。私たちの仕事が入っている。家業は続かなくとも、美しい命の糸は続いていくんだ。」

目の前にある大量のノートを美緒は見つめる。

曾祖父と祖父が集めてきたデータの蓄積《ちくせき》。このノートを使いこなせれば、自分が思った色に羊毛や糸を染めることができる。

その技《わざ》を持っているのは、さっき頭に触れた祖父の手だけだ。

「おじいちゃん……私、染めも自分でやってみたい。」

祖父がノートを棚に戻した。

「染めは大人の仕事だ。熱いし、危ない。力仕事だから腰も痛める。染めの工程はこの間の＊コチニール染めでわかっただろう？　それで十分だ。」

「熱いの大丈夫だよ。危ないことも気を付ける。」

「気を付けているときには事故はおきない。それがふっと途切れたときに間違いがおきるんだ。そのとき即座に対応できる決断力がほしい。私は年寄りだから、その力が鈍っているよ。美緒も決して得意なほうではないだろう。」

「でも……。」

「ショールの色は決まったか？　自分の好きな色、これからを託《たく》す色は見つけられたか？」

「まだ、です。探してるけど。」

ショールの色だけではなく、部屋のカーテンの色もまだ決められない。

口調は穏《おだ》やかだが、決断力に欠けていることを指摘《してき》され、顔が下を向いた。

＊せがなくていい、と祖父がポケットから小さな紙を出した。

「色はゆっくり考えればいい。だが、そろそろ買い物に行ってくれるか。来週なんてすぐだぞ。お父さんたちをもてなす準備を始めようじゃないか。」

(3)はい、と小声で答え、美緒はメモを受け取る。

ショールの色だけではない。東京へひとまず帰るか、この夏ずっと祖父の家で過ごすか。

それを父に言う決断もつけられずにいる。

祖父のコレクションルームから気になる画集や絵本を部屋に運んだあと、いつもはスープを入れているステンレスボトルに水を入れ、盛岡の町に出かけた。

（伊吹有喜『雲を紡ぐ』による）

〔注〕**祖母**——美緒の母方の祖母。横浜に住んでいる。　**ホームスパン**——手紡ぎの毛糸で手織りした毛織物。　**私のショール**——美緒が生後間もない頃に父方の祖父母から贈《おく》られた、とても大切にしている赤い手織のショール。　**雪童子**《ゆきわらす》——子供の姿をしている雪の精。　**コチニール染め**——コチニールカイガラムシから採れる赤色の天然色素を用いた染色作業。　**せがなくていい**——急がなくてよい。

問1　傍線部（1）「ねえ、おじいちゃん。あの棚の本、あとで私の部屋に持っていっていい？」とあるが、このときの美緒の気持ちに最も近いものを、次のア〜エから1つ選び、記号で答えなさい。

ア　幼い頃に感じられなかった、絵本の美しさや楽しさに気付かせてくれた祖父に親しみを抱き、祖父の本をもっと読みたいと思う気持ち。

イ　祖父が絵本に登場する服の色に着目していることに興味をもち、自分の本と棚の本を研究して、祖父に認めてもらいたいと思う気持ち。

ウ　祖父が親愛の情を示してくれたことを嬉しく感じ、自分が棚の本に興味を示すことによって、祖父をもっと喜ばせたいと思う気持ち。

エ　会話を通じて祖父の人柄《ひとがら》や考え方にひかれ、祖父が集めてきた棚の本を読むことで、本の好みや選び方を知りたいと思う気持ち。

［　　］

問2　傍線部（2）「ノートをのぞくと角張った字と、流れるような書体の祖父の筆跡が混じっていた。」とあるが、この表現について述べたものとして最も適切なものを、次のア〜エから1つ選び、記号で答えなさい。

ア　祖父が曾祖父の厳格さに反発する気持ちをもっていたことを、二人の対照的な書体を対比させて描くことで、象徴的に表現している。

イ　祖父が曾祖父と共に芸術的表現を追求していたことを、二人の筆跡をたとえを用いて技巧的《ぎこうてき》に描くことで、情緒的に表現している。

ウ　祖父が曾祖父と共に染めに携《たずさ》わりつつ記録を引き継いできたことを、二人の異なる筆跡を視覚的に描くことで、印象的に表現している。

エ　祖父が曾祖父と共に色鮮やかで美しい糸を紡ぐ仕事を続けてきたことを、二人の字形や色彩《しきさい》を絵画的に描くことで、写実的に表現している。

［　　］

問3　傍線部（3）「はい、と小声で答え、美緒はメモを受け取る。」とあるが、このときの「美緒」の気持ちに最も近いものを、次のア～エから1つ選び、記号で答えなさい。

ア　染めに取り組むことが認められなかったことはもっともだと納得し、ショールの色を決められない自分の優柔不断さを嫌悪《けんお》するが、父親たちにはまだ自分の能力の限界だとは思われたくないと願う気持ち。

イ　染めの希望がかなわず残念に思うものの、決断力の弱さを指摘されてもなお染めに対する意欲を失わず、父親たちとの再会に思いを巡《めぐ》らす中で自分のこれからのことをどのように伝えるべきか迷う気持ち。

ウ　染めに取り組みたいという願いがかなわなかったことに悲しみが込み上げ、急がなくてよいという祖父の慰《なぐさ》めの言葉と、父が祖父を説得すれば染めに取り組めるかもしれないという期待にすがりたい気持ち。

エ　染めの仕事を認めようとしない祖父の態度に困惑しながら、決断力の弱さを自覚して落胆《らくたん》するとともに、父親たちとの再会を控《ひか》えて染めとの向き合い方を模索《もさく》してこなかったことを後悔する気持ち。

［　　］

① **次の文章を読んで、あとの問いに答えよ。**〈東京都・改題〉

以前、興味深い話を聞きました。鉄筋コンクリート造《づくり》の団地で生まれ育った小学生がはじめて田舎にある旧来の日本家屋に行ったときの話です。瓦屋根《かわらやね》の下、縁側に寝そべり、庭や遠くの山並《やまな》みを見ながら彼はこう言ったそうです。〝懐《なつ》かしいね〟と。彼にとってみれば未知の新しい場所なのですが、すでに体験したことのある場所のように感じているかのようです。それはDNAに刷りこまれた風景なのか、あるいは幼少期に見聞きした日本昔話の絵本の画がずっと頭にあったからなのかわかりませんが、いずれにせよ琴線《きんせん》に触れる、情感溢《あふ》れた実体的な場所に出会うことで記憶《きおく》の回路がつながったのではないでしょうか。（第一段）

ポルトガルに旅行したことがあります。はじめて行く国、はじめて行く場所だったのですが、そこで見た風景や人の営為《えいい》はとても〝懐かしい〟と感じたのです。これも自分の中に潜在的にあった記憶の断片のようなものがつながったからでしょう。かつて自分の身の周りにあったけれどもいまは失われてしまった風景や人の営為がポルトガルにはまだある、という切ない喪失感もともなっていたように思いますが、しかしそれ以上にこの場所に出会えてよかったと思う喜びの感情がはるかに大きかったように記憶しています。そんな懐かしさの感情を抱くことができれば、その新しい場所は慣れ親しんだ馴染《なじ》みのある場所になります。するとそこに安心感と寛容《かんよう》さを感じることができます。（第二段）

(1)そんな団地の小学生の話やポルトガルでの体験は、複合的で抽象的《ちゅうしょうてき》な懐かしさということで共通しています。場所や空間における〝新しさ〟と〝懐かしさ〟は隣り合わせであるということや、人の記憶の回路をつなぎ合わせることができる伝統、慣習が根付いた実体的な空間、場所の尊さと力強さを感じさせます。そしてまだ自分が訪れたことのない世界にも懐かしい場所は存在していて、それを発見できるということの喜びと可能性も感じさせてくれます。（第三段）

一方、何十年かぶりに故郷に帰って食べる料理や、顔を合わせる家族、親戚《しんせき》や友人、そしてあらためて眺める風景に、直接的で具体的な懐かしさを感じる場合も多いでしょう。しかし久しぶりに出会う懐かしいものとは以前出会ったものとは、正確にいえば異なっています。物理的な経年変化があるからではありません。それは自分自身が時間や経験を積み重ね、大きく変化したということなのです。例えば、当時は母の味や郷土料理、故郷の風景が好きではなかったのに、その後の時間の中で経験してきたことを客観的に相対的に重ね合わせてゆくと、実はこんなにも美しく、美味《おい》しく、尊いものだったのだということに気づいた経験は誰にもあるのではないでしょうか。それは自分の感情や視点がいまと昔では大きく変化したことで、久しぶりに出会うものや人の〝質〟や〝価値〟さえも自身が変えたということなのだと思います。〝平凡《へいぼん》〟を〝非凡〟に変えたといってもいいでしょう。そしてその進化した感情、視点によって、伝統や慣習の中にある、人、営為、原風景を〝誇り〟に思うことができるようになっているのです。懐かしいという感情によって人生の中で新たな価値を見出したのです。それは懐かしさという感情の素晴らしい働きです。さらにこの〝誇り〟という感情はとても重要です。なぜなら人は、誇りに感じるものは自然と大切にしようとするからです。（第四段）

人は記憶を頼りに生きてゆく動物と言われています。言い方を換えれば、懐かしさのような記憶に関わる情緒抜きでは人は生きてゆけないということです。懐かしさは、視覚だけでなく触覚、聴覚《ちょうかく》、嗅覚《きゅうかく》、味覚といった五感をともなった記憶が呼び起こされ、それと向き合うことでいまの自分の肉体、存在、歴史、居場所を肯定《こうてい》することができ、気持ちが未来にひらかれてゆく前向きで大切な感情と言われています。それが証拠に、人は負の感情を抱くものに出会ったときには決して懐かしいとは感じません。懐かしいものや人に出会ったときに、人は自然と笑《え》みを浮かべていることが多いでしょう。懐かしさとは人の〝正〟の、そして〝生〟の感情なのです。（第五段）

しかし、どうも私たちは懐かしさに対して認識《にんしき》を誤ってしまうことが多いように思います。〝懐かしの昭和〟〝郷愁誘《さそ》う町〟〝懐かしのおばあちゃんの味〟。それらの言葉からは〝昔はよかった〟という懐古的《かいこてき》な眼差《まなざ》ししか感じられず、前向きな姿勢や未来への可能性のようなものはあまり伝わってきません。過去は過去のものとして缶詰《かんづめ》に閉じ込めたような、博物館のケースの中に入れた展示品のような扱いにされてしまっています。また町づくりや建築においても懐かしさや郷愁のイメージをわざと誘うようなものも見受けられます。それら固定的な〝懐古の商品化〟や〝郷愁のパッケージ化〟は、かえって人のイマジネーションを閉ざしてしまう危険をはらんでいます。（第六段）

さて私たちは戦後、〝変わること〟が豊かさと明るい未来を手に入れることだと信じてきました。もちろん変わらなければならないことも多々あったと思いますが、〝変えるべきこと〟と〝変えなくてもいいこと〟を整理せずに急進的に走り続けてきたように思います。急速な変化は自然風土やかけがえのない人の営為を壊し、人の記憶にとって大切な〝原風景〟を奪ってゆきました。懐かしいという前向きな感情を抱く間も許されていなかったかのようです。またいま、人が毎日ほとんどの時間見つめているものはスマホやコンピュータのモニターの奥に広がる膨大なデータの世界です。それらは人の情報処理能力をはるかに超えるスピードで膨張し、そして更新《こうしん》されてゆきます。(2)そんな中、私は世の中が更新し続けるもので埋め尽くされてゆけばゆくほど建築こそは動かずにじっとしていて、慣れ親しんだ変わらない価値を示すものでなければならないという思いを強くしてきたのです。言い換えれば、建築さえも急進的に更新し続けるだけの存在になってしまったら、人は何を記憶の拠《よ》り所《どころ》にしてゆけばいいのかわからなくなってしまうのではないでしょうか。（第七段）

（堀部安嗣『住まいの基本を考える』による）

問1　傍線部（1）「そんな団地の小学生の話やポルトガルでの体験は、複合的で抽象的《ちゅうしょうてき》な懐かしさということで共通しています。」とあるが、「複合的で抽象的な懐かしさ」とはどういうことか。最も適切なものを、次のア〜エから1つ選び、記号で答えなさい。

ア　未知の事象がもつ情感と潜在的な記憶がもつ情感が重なり合うことで思い出される、幼少期の記憶から生じる懐かしさのこと。

イ　未知の場所との出会いから生じる喜びと情感溢れる場所の記憶から生じる郷愁との比較《ひかく》を通して、心に浮かぶ懐かしさのこと。

ウ　未知の風景を前にして感じる、かつて住んでいた町の失われた景色に対して抱いた喪失感から生じる懐かしさのこと。

エ　未知のものと出会うことによって、潜在的に存在する様々な記憶の断片がつなぎ合わされて湧《わ》き上《あ》がる懐かしさのこと。

［　　］

問2　傍線部（2）「そんな中、私は世の中が更新し続けるもので埋め尽くされてゆけばゆくほど建築こそは動かずにじっとしていて、慣れ親しんだ変わらない価値を示すものでなければならないという思いを強くしてきたのです。」と筆者が述べたのはなぜか。最も適切なものを、次のア〜エから1つ選び、記号で答えなさい。

ア　未来への前向きな意志をもつことが難しい世の中ではあるが、建築だけは、懐かしさや郷愁を印象付けることが必要であると考えるから。

イ　急速に物事が更新され続ける現在において、変わらずそこにあり続ける建築は、人の記憶の原風景となり得る存在であると考えるから。

ウ　建築においても、〝変えるべきこと〟と〝変えなくてもいいこと〟を整理し、新たな建造物には懐古的な工夫が必要であると考えるから。

エ 明るい未来を築くためには変化を止めることが重要であり、不変の象徴として建築を位置付け、人々の意識を向けさせたいと考えるから。

［　　］

問3 **国語の授業でこの文章を読んだ後、「自分の『記憶の拠《よ》り所《どころ》』となるもの」というテーマで自分の意見を発表することになった。このときにあなたが話す言葉を、具体的な体験や見聞も含《ふく》めて二百字以内で書きなさい。なお、書き出しや改行の際の空欄《くうらん》、「、」や「。」や「「」」などもそれぞれ字数に数えなさい。**

200

入試実戦 3回目

目標時間 20分

① 次の文章を読んで、あとの各問に答えよ。〈東京都・改題〉

バレリーナを夢見ていた「私」は、少女時代にフェリーでバレエ教室に通い、往復の船上でも練習を続け、夢を叶《かな》えた。やがてバレリーナを引退し、故郷に戻った「私」は、大輔《だいすけ》に誘われ佐代子《さよこ》が営む習字教室に通う。船上でバレエの練習に励む姿に勇気をもらい習字教室を始めたことを佐代子に打ち明けられた「私」は、佐代子に頼まれ船上で踊ることにした。


無様でもいい。

今の私に出来る精いっぱいをしよう。

揺れる船の上で踊り続けるんだ。

月明かりをスポットライトに。

風を拍手に。

海を湖に――。

力を込めろ。

手に、足に、指の先に、爪の先に――。

踊れ、踊れ――。


そして白鳥のように――。

跳べ――。

「はぁ……っ。」

終わった。

踊り終えた。

酷《ひど》く息が乱れて呼吸をするのも辛《つら》い。

少し踊っただけなのに、全力疾走した後のようだ。

――パチパチパチ。

風や船のエンジン音に負けないくらいの拍手が聞こえた。

佐代子さんだ。

いつまで続くのか分からないくらい、長い拍手をしてくれた。

そして、私のことをまっすぐに見つめて言った。

「私はバレエのことはそんなによく分からないけれど……。」

佐代子さんは、柔らかく笑って言葉を続ける。

「やっぱりあなたはあなたのままでいいんじゃないかしら。」

「佐代子さん……。」

自然と、涙が頬を伝った。

そのたった一言が、自分自身を縛り続けていた呪いをといてくれた気がした――。

次の日、起きると心地《ここち》よいくらいのわずかな筋肉痛が私を待っていた。なんだか久しぶりな気がする。母とも久々にちゃんとした会話をすることが出来た。この町で、もう少し自分のやりたいことを見つけたいと言うと、「あなたの人生なんだからあなたの好きなようにしなさい。」と言ってくれた。そんな言葉を母から言われたのは、高校の時に進路の相談をして以来だった。

そして、午後になって佐代子さんと一緒にフェリーサービスセンターに来た。というのも、あの店主さんから佐代子さんの元に、看板の文字を書いてほしいという依頼があったのだ。着いてみてびっくりしたのは、そこに大輔君がいたことだ、どうやら大輔君は店主さんの息子だったらしい。春風亭《はるかぜてい》の中で再会した時は思わず笑ってしまった。

ただ、看板の文字を書く寸前になってもっとびっくりしたことがあった。佐代子さんが、なんだか今日は手首が痛くて調子が出そうにないらしく、その『春風亭』という文字を書くのを私に任せたいと言い出したのだ。そんなの聞いていない。でも佐代子さんは言いだしたら引かないのは分かっていたし、なぜか店主さんもノリノリで「そりゃあ初物だしなんだか縁起がいいや、よろしく頼んだ姉ちゃん！」と言ってきた。「頑張れ！真由美《まゆみ》お姉ちゃん！」なんて言って大輔君も応援してくれるから私ももう後には引けない。それでそんなやり取りをしている内にいつの間にか何人ものギャラリーが集まって来た。その中心で私は筆を執ることになった。

[1]「ふぅ……。」

集中だ、集中が大事。

今まで佐代子さんに習ったことを思い出して……。

「おお……。」

書き始めてからは、あっという間だった。

そして書き終えた瞬間に、周りから感嘆の声が漏れたのが聞こえて、私はうまくいったのを確信した。

それから大輔君が「春風亭だ！」と声をあげると、拍手の音が周りから聞こえてきた。

『春』『風』『亭』の三文字が目の前に並んでいる。

我ながら上出来な一作になった。

今このひとたびは、私も『出来上がった』と言ってもいいかもしれない。

凄《すご》い緊張するかもと思っていたけど、随分落ち着いて書くことが出来た。『亭』という文字を見て私はなんだか親近感を覚えていたのだ。まるで片足で立つバレリーナのようだったから。

片足で跳んでからもう一方の片足で着地するジャンプをバレエでは、『グラン・ジュテ』と言う。その、グラン・ジュテの要領で、最後まで書ききったのだ。

「やるじゃねえか！　早速飾らせてもらうぜ！」

店主さんが看板をひょいっと持ち上げて、それをフェリーサービスセンターの前に置いた。

そこでもう一度拍手が起きて、私はなんだか照れくさい気分になる。

よく見ると、そこには本当にたくさんの色んな人がいた。噂《うわさ》を聞きつけたのか、佐代子さんの習字教室に通っている子も何人かいたし、春風亭の常連さんであろうお客さんや、今船から降りて来た人たちもいた。

この町にずっと住んでいると、同じことだけが続くと思っていた。

ずっと同じような人とばかり過ごして、変わらない人生を送るのだと思っていた。

そんな生活が嫌で、私はこの町を離れてリセットしようとしていたのだ。

でも違っていたのかもしれない。

こんなにも色んな人と、この町で出会ったのだ。

こんなにも素晴らしい人たちが、この町にはいた。

そしてその中心には、佐代子さんがいた。

「……佐代子さんのおかげで、色んな人たちに出会えました。」

私が、お礼の気持ちも含めてそう言うと、佐代子さんは小さく首を振って言った。

「私にとってもあなたのおかげよ、あなたのおかげで私も色んな人たちに出会えたんだから。」


そう言って、佐代子さんは港に集まっていた習字教室の子どもたちを見つめた。

その眼差《まなざ》しはとても優しくて、それでいてまだこれから先を見据えているように思える。

「まだまだ人生これからですね。」

私がそう言うと、佐代子さんがふふっと笑って応えた。

「これからどうなるかしらね、昨日私がやっとの思いでクリアしたゲームみたいにハッピーエンドになるといいけど。」

「……佐代子さん、もしかしてそれが今日の手首が痛い原因じゃないんですか？」

「ふふっ、みんなには内緒にしておいてね。」

佐代子さんが茶目っ気のある感じで言ったので、私もそれ以上追及するのはやめることにした。

その代わりにある話をする。

「……そういえば、白鳥の湖には、今は新しい結末が描かれることも多いんですよね。」

「新しい結末？」

疑問符を浮かべた佐代子さんに、私は白鳥の湖のある物語の説明をした。

「ええ、白鳥の湖は最後はオデット姫の呪いがとけないまま二人で湖に飛び込んで来世で結ばれるのが元々の終わり方ですけど、最近はオデット姫の呪いがとけて二人が結ばれるハッピーエンドの公演が行われることもあるんですよ。」

私がそう言うと、佐代子さんがにっこりと微笑《ほほえ》んで言った。

「それは素敵なことね。」

「ええ、とても素敵なことだと思います。」

そう言って私も笑った。

そのタイミングで店主さんから「おーいちょっとこっちにも来てくれー！」と声をかけられた。ついでに店の中の新メニューも格好よく書いて欲しいとのことだ。

そのリクエストをもらえたことが嬉しくて、私も喜んで返事をして向かう。

周りのみんなも拍手で送り出してくれて、なんだか嬉《うれ》しくなって走り出す。

体が軽い。

気を抜くとそのまま空に浮いてしまいそうだ。

というか、踊りだしてしまいそうになるのを必死でこらえる。
(2)でもこらえきれそうにない。
少しだけならいいか。

「ほっ。」

周りの人にはバレないように、右足をそっと上げる。

それから左足で地面を蹴って、高く跳んだ——。


（清水晴木『旅立ちの日に』による）

問1　傍線部（1）「ふぅ……。」とあるが、この表現から読み取れる「私」の様子として、最も適切なものを、次のア～エから1つ選び、記号で答えなさい。

ア　突然の出来事に戸惑いながらも周囲の期待をしっかりと受け止めて、真剣に作品づくりに向き合おうとしている様子。

イ　長年取り組んできたバレエと始めたばかりの習字との共通点を見付け、作品づくりの面白さを実感し始めている様子。

ウ　『亭』の字と片方の足で立っているバレリーナの姿が似ていることに気を取られたため、作品づくりの手順を確認しようとしている様子。

エ　佐代子からの申し出を嬉しく思い、これまでの練習の成果を出し切って佐代子を喜ばせたいと意気込んでいる様子。［　　］

問2　傍線部（2）「でもこらえきれそうにない。」とあるが、このときの「私」の気持ちに最も近いものを、次のア～エから1つ選び、記号で答えなさい。

ア　多くの人々からバレエの面白さを改めて気付かせてもらったことで、幸福感に満たされ、佐代子に感謝したい気持ち。

イ　周囲にいる素晴らしい人々の存在を実感できた喜びと、自分の作品が認められたことへの喜びが込み上げ、高揚する気持ち。

ウ　新たに作品の依頼を受けたことから、緊張を乗り越え作品づくりをやり遂げた達成感を自覚し、自分を誇りたいと思う気持ち。

エ　新しいリクエストを受けたことをきっかけに、バレエを続けたいという、自分の本心に正直になろうと思う気持ち。［　　］

監修　**西村 創**

早稲田アカデミー、駿台予備学校、河合塾Wingsなどで指導歴25年以上。新卒入社の早稲田アカデミーでは、入社初年度に生徒授業満足度全講師中1位に輝く。駿台予備学校ではシンガポール校講師を経て、当時初の20代校長として香港校校長を務め、過去最高の合格実績を出す。河合塾Wingsでは講師、教室長、エリアマネージャーを務める。現在はセミナー講演や書籍執筆、「にしむら先生 受験指導専門家」としてYouTube配信などを中心に活動。著書は『改訂版　中学歴史が面白いほどわかる本』（KADOKAWA）など多数。

高《こう》校《こう》入《にゅう》試《し》　7日《か》間《かん》完《かん》成《せい》
塾《じゅく》で教《おそ》わる
中《ちゅう》学《がく》3年《ねん》分《ぶん》の総《そう》復《ふく》習《しゅう》　国《こく》語《ご》

2023年11月10日　初版発行

監修／西村《にしむら》 創《はじめ》

発行者／山下 直久

発行／株式会社KADOKAWA
〒102-8177　東京都千代田区富士見2-13-3
電話0570-002-301（ナビダイヤル）

印刷所／株式会社加藤文明社印刷所

製本所／株式会社加藤文明社印刷所

●お問い合わせ
https://www.kadokawa.co.jp/（「お問い合わせ」へお進みください）
※内容によっては、お答えできない場合があります。
※サポートは日本国内のみとさせていただきます。
※Japanese text only

定価はカバーに表示してあります。

ISBN 978-4-04-606392-2 C6081

高校入試
7日間完成

塾で教わる

中学3年分の総復習

国語

解答・解説

この別冊を取り外すときは、本体からていねいに引き抜いてください。なお、この別冊抜き取りの際に損傷が生じた場合のお取り替えはお控えください。

KADOKAWA

DAY

1 漢字の読み書き

① 解答

(1) 違和感	(2) 憲法	(3) 抑圧
(4) 博物館	(5) 必至	(6) 清潔
(7) 専門家	(8) 絶	(9) 関心
(10) 臨	(11) 覚	(12) 検査
(13) 侵	(14) 劇的	(15) 複雑
(16) 価値観	(17) 引率	(18) 賃貸
(19) 売買	(20) 裕福	(21) 成績
(22) 入場券	(23) 紀元前	(24) 尋
(25) 繁茂	(26) 叙述	(27) 孤立
(28) 漠然	(29) 妥協	(30) 絶体
(31) 改善	(32) 収	(33) 委
(34) 革命	(35) 拝	(36) 救済措置
(37) 復興	(38) 財布	(39) 祝
(40) 蒸		

解説

(1) 違和感…「異」和感にしないように注意。

(2) 憲法…「憲」の横線の数に注意。

(3) 抑圧…「卯」にならないように注意。

(4) 博物館…「専」の右上に「丶」が必要（「簿」「薄」も同様）。

(5) 必至…「必ずそうなる」という意味。「必死」にしないように注意。

(6) 清潔…「潔い」（いさぎよ（い））という読みを問われることもある。

(7) 専門家…「専」の右上にテン（丶）なし、門にクチ（口）なし。

(8) 絶…「断」にしないように注意。

(9) 関心…「感心」にしないように注意。

(10) 臨…「望」にしないように注意。

(11) 覚…「冷」にしないように注意。

(12) 検査…「険」にしないように注意。

(13) 侵…「犯」にしないように注意。

(14) 劇的…「劇」の三画目を内側にハネるのを忘れずに。

(15) 複雑…「複」を「ネ（しめすへん）」にしないように注意。

(16) 価値観…価値「感」にしないように注意。

(17) 引率…「率」を「卒」にしないように注意。

(18) 賃貸…「賃」「貸」の順番を逆にしないように注意。

(19) 売買…「売」「買」の順番を逆にしないように注意。

(20) 裕福…「裕」を「ネ（しめすへん）」にしないように注意。

(21) 成績…「績」を「積」にしないように注意。

(22) 入場券…「券」の「刀」を「力」にしないように注意。

(23) 紀元前…「紀」を「記」にしないように注意。

(24) 尋…「訪」にしないように注意。

(27) 孤立…「孤」の「瓜」が「爪」にならないように注意。

(28) 漠然…「漠」が「模」にならないように注意。

(29) 妥協…「妥協」とは互いの意見を譲り合ってひとつの結論を出すこと。

(30) 絶体…「体」を「対」にしないように注意。

(31) 改善…「改」の三画目をハネない、「善」の横棒の数に注意。

(32) 収…「治」「納」「修」など意味によって使い分ける。

(34) 革命…「革」を「画」にしないように注意。

(35) 拝…横棒の数に注意。

(36) 救済措置…「済」のさんずい、「措」のてへんに注意。

(37) 復興…「復」のぎょうにんべんに注意。

(39) 祝…しめすへんに注意（ころもへんにならないように）。

(40) 蒸…くさかんむりの下のかたちに注意。

② 解答

(1) なご	(2) えんかつ	(3) けいだい
(4) ひとけ	(5) しばふ	
(6) しょうじん	(7) きせい	(8) もっぱ
(9) ぎょうし	(10) いちじる	(11) ふんいき
(12) した	(13) かはん	(14) だいたい
(15) えしゃく	(16) そうさい	(17) ごりやく

(18) しゅっしょうりつ　(19) かんじょう
(20) けいりゅう　(21) きっ　(22) うず
(23) ぜせい　(24) はんざつ　(25) ばっさい
(26) けっさく　(27) あいとう　(28) れんか
(29) かいぎ　(30) ねんぽう
(31) きゅうりょう　(32) ぶじょく
(33) さんかいき　(34) と　(35) しろもの
(36) しさ　(37) かっさい　(38) へいぜい
(39) かんせい　(40) はんようせい

解説

(2) えんかつ（円滑）…「えんこつ」と読まないように注意。

(3) けいだい（境内）…「きょうない」と読まないように注意。

(4) ひとけ（人気）…「にんき」と読まないように注意。

(7) きせい（既製）…「既」は「き」と読み、「きへん」の「概」は「がい」と読む。

(10) いちじる（著）…「いちぢる」にしないように注意。

(11) ふんいき（雰囲気）…「ふいんき」と読まないように注意。

(13) かはん（河畔）…川のほとりという意味。

(14) だいたい（代替）…「だいがえ」と読まないように注意。

(15) えしゃく（会釈）…「かいしゃく」と読まないように注意。

(16) そうさい（相殺）…「そうさつ」と読まないように注意。

(17) ごりやく（御利益）…「ごりえき」と読まないように注意。

(18) しゅっしょうりつ（出生率）…「しゅっせいりつ」と読まないように注意。

(19) かんじょう（勘定）…「かんてい」と読まないように注意。

(28) れんか（廉価）…廉価とは「安い」という意味。

(30) ねんぽう（年俸）…「ねんぼう」と読まないように注意。

DAY 2 知識（文法・敬語・季語・枕詞など）

① 解答

(1) カ　(2) ケ　(3) オ　(4) キ
(5) オ　(6) ケ　(7) エ　(8) ウ
(9) カ　(10) ア　(11) カ　(12) カ
(13) オ　(14) オ　(15) オ　(16) イ
(17) エ　(18) ア　(19) コ　(20) ク

解説

(1) 「失望させない」という体言でない言葉にかかっているので副詞。

(2) それだけで意味のある言葉にならない付属語で、変化するので助動詞。

(3) 変化しないで、「スパイス」という体言にかかっているので連体詞。

(4) 変化しないで、前後の言葉を接続しているので接続詞。

(5) 変化しないで、「カレー」という体言にかかっているので連体詞。

(6) それだけで意味のある言葉にならない付属語で、変化するので助動詞。

(7) 変化して、言い切りのかたちにすると最後が「だ」になるので形容動詞。

(8) 変化して、言い切りのかたちにすると最後が「い」になるので形容詞。

(9) 「人気がある」という体言でない言葉にかかっているので副詞。

(10) 「が」につなげて主語になるので名詞。

(11) 「やって」という体言でない言葉にかかっているので副詞。

(12) 「食べてみたい」という体言でない言葉にかかっているので副詞。

(13) 変化しないで、「もの」という体言にかかっているので連体詞（「おかしい」は形容詞、形容詞に「おかしな」という変化はない）。

(14) 変化しないで、「カレー」という体言にかかっているので連体詞（「この」「その」「どの」も同様）。

(15) 「大きな」は変化しないので連体詞（「小さな」も同様）。

(16) 変化して、言い切りのかたちにした最後の「ぶ」を伸ばすと「ウ」音になるので動詞。

(17) 変化して、言い切りのかたちにすると最後が「だ」になるので形容動詞。

(18) 「は」「が」につながって、主語になるので名詞。

(19) それだけで意味のある言葉にならない付属語で、変化しないので助詞。

(20) 変化しないで、独立した言葉なので感動詞。

◎注意したい連体詞シリーズ

「大きな・小さな・おかしな・いろんな・あらゆる・この・その」

これらはすべて連体詞！

◎注意したい「こそあど言葉」シリーズ

「これ・それ・あれ・どれ」↓名詞

「こう・そう・ああ・どう」↓副詞

「この・その・あの・どの」↓連体詞

② 解答

(1) エ　(2) ウ　(3) ウ　(4) ア　(5) エ

(6) ウ

解説

(1)

ア 可能（～ることができる）を意味する。

イ 受身（～ことをされる）を意味する。

ウ 尊敬（お～になる）を意味する。

エ 自発（自然と～という気持ちになる）を意味する。

◎「れる」「られる」の区別

「自発」になるパターン

「思われる」「しのばれる」「感じられる」「案じられる」

(2)

ア 伝聞を意味する。

イ 伝聞を意味する。

ウ 様態を意味する。

エ 伝聞を意味する。

◎「そうだ」の区別

「そうだ」の上で区切れる↓伝聞

「そうだ」の上で区切れない↓様態

(3)

ア 形容詞の一部。

イ 形容詞の一部。

ウ 助動詞。

エ 形容詞の一部。

◎「ない」の区別

「ない」を「ぬ」に置き換えられる↓助動詞

「ない」を「ぬ」に置き換えられない↓形容詞の一部

(4)

ア 連体修飾語をつくる格助詞。

イ 体言（「(の)もの」）のかわりに使う格助詞。

ウ 接続助詞「のに」の一部。

エ 疑問を表す終助詞。

(5)

ア たとえ

イ 例示

ウ たとえ

エ 推定

◎「ようだ」の区別

「おそらく」「どうやら」を補える↓推定

「まるで」を補える↓たとえ

「たとえば」を補える↓例示

(6)

ア 格助詞（主語になる）

イ 格助詞（主語になる）

ウ 接続助詞（二つの文とつなげて一文にする）

エ 格助詞（主語になる）

③ 解答

(1) 申して　(2) 召し上がって

(3) おっしゃった

(4) 参り（うかがい・参上し）

(5) ご覧になり　(6) 母

(7) お書きになって　(8) いらっしゃい

(9) やる　(10) 承知し（かしこまり）

解説

(1) 身内を第三者に紹介する場合は尊敬語を使わない。

(2) 「いただく」は謙譲語（自分に使う）。

(3)「申す」は謙譲語（自分に使う）。
(4)「おいでになる」は尊敬語（相手に使う）。
(5)「拝見する」は謙譲語（自分に使う）。
(6) 身内を第三者に紹介する場合は尊敬語を使わない。
(9)「あげる」は謙譲語、動植物には使わない。

④

解答

イ

解説

ア 夏草…夏の季語。
イ 天河…秋の季語（「七夕」も同じく秋の季語）。
ウ 五月雨…夏の季語。
エ 蝉の声…夏の季語。
旧暦では1月2月3月が春、4月5月6月が夏、7月8月9月が秋、10月11月12月が冬になります。

⑤

解答

(1) **たらちねの** (2) **ひさかたの**

解説

「枕詞《まくらことば》」とは、ある決まった言葉の前に置いて、リズムを整える表現方法。「たらちねの」は「母」という言葉、「ひさかたの」は「光」という言葉とセットで使われる代表的な枕詞として知っておく。

⑥

解答

(1) **白鳥は かなしからずや／空の青 海のあをにも 染まずただよふ**
(2) **なにとなく 君に待たるる ここちして 出でし花野の 夕月夜かな／**
(3) **心なき 身にもあはれは 知られけり／しぎ立つ沢の 秋のゆふぐれ**
(4) **海恋し／潮の遠鳴り かぞへては 少女となりし 父母の家**

解説

(1) 二句切れ（「や」の後で切れる）
(2) 句切れなし（「かな」の後で切れる）
(3) 三句切れ（「けり」の後で切れる）
(4) 初句切れ（「一句」ではなく「初句」と言う。「海恋し」の後で切れる（海が恋しい。））

⑦

解答

(1) **うつろい** (2) **すなわち** (3) **こえ**
(4) **もちいる** (5) **かわず** (6) **はじ**
(7) **きょう** (8) **おとこ** (9) **かし**
(10) **こうべ**

解説

(1) うつろい…単語の最初以外の「は行」は「わ行」にする。
(2) すなわち…単語の最初以外の「は行」は「わ行」にする。
(3) こえ…「ゐ・ゑ・を」は「い・え・お」にする。
(4) もちいる…「ゐ・ゑ・を」は「い・え・お」にする。
(5) かわず…「ぢ」「づ」は「じ」「ず」にする。
(6) はじ…「ぢ」「づ」は「じ」「ず」にする。
(7) きょう…「(母音) au・iu・eu」は「ou・yuu・you」にする。
(8) おとこ…「ゐ・ゑ・を」は「い・え・お」にする。
(9) かし…「くわ・ぐわ」は「か・が」にする。
(10) こうべ…「(母音) au・iu・eu」は「ou・yuu・you」にする。

◎歴史的仮名遣い
・「は・ひ・ふ・へ・ほ」(語尾以外)→「わ・い・う・え・お」
(例) 言ふ→言う
・「ゐ・ゑ・を」→「い・え・お」
(例) ゐる→いる
・「ぢ・づ」→「じ・ず」
(例) みづ→みず
・「くわ・ぐわ」→「か・が」
(例) えいぐわ→えいが
・「(母音) au・iu・eu」→「ou・yuu・you」
(例) いかやうにも→いかようにも

DAY 3

選択肢問題（最も近い気持ちを選ぶ）

解法手順

1 各選択肢の最後に書かれている気持ちの言葉に線を引く
2 傍線部と「1」を照らし合わせ、近い選択肢を絞る
3 設問文の「このとき」にあたる本文に線を引く
4 選択肢文の「1」以外の言葉と「3」を照らし合わせ、最も近い選択肢を特定する

①

解答　問1　エ　問2　ウ

解説　**問1**

1 各選択肢文の最後に書かれている気持ちの言葉に線を引く

まず、各選択肢文の最後に書かれている気持ちの言葉に線を引きます。すると、それぞれ次の箇所に線が引けますね。

ア ヨシ江がどのようにして、温厚な茂三に自分のことを放っておけと言わせたのか、ヨシ江から聞いてみたいと思う気持ち。

イ 起こしてくれると約束していた茂三が、自分を置いたまま畑に行ったことが信じられず、ヨシ江の言葉を疑う気持ち。

ウ 茂三とヨシ江が、苦笑しながら自分を起こさずに置いていこうとする様子を想像し、悔しさが込み上げる気持ち。

エ 一緒に畑へ行きたいと伝えていたにもかかわらず、茂三が自分を放っておくように言ったと聞き、戸惑う気持ち。

2 傍線部（1）と「1」を照らし合わせ、近い選択肢を絞る

次に、傍線部（1）と先ほど気持ちの言葉に線を引いた「1」を照らし合わせ、近い選択肢を絞り込んでいきます。傍線部「……え?」と、各選択肢文の最後に書かれている気持ちの言葉に近いのは、**エ**の選択肢の気持ちの言葉「戸惑う気持ち」ですね。

3 設問文の「このとき」にあたる本文に線を引く

さらに、設問文の「このとき」にあたる本文に線を引きます。すると、

「どうして起こしてくんなかったの? 昨日あたし、一緒に行くって言ったのに。」

するとヨシ江は、スポンジで茶碗をこすりながら雪乃をちらりと見た。

「起こそうとしただよぅ、私は。けどあのひとが、ほっとけって言うだから。」

というところが、「傍線部（1）「……え?」とあるが、このときの雪乃の気持ち」の「このとき」にあたる部分ですね。設問の「このとき」は、傍線部のすぐ近くに書かれています。

4 選択肢文の「1」以外の言葉と「3」を照らし合わせ、最も近い選択肢を特定する

最後に、選択肢文の「1」以外の言葉と「3」を照らし合わせ、最も近い選択肢を特定します。

「どうして起こしてくんなかったの? 昨日あたし、一緒に行くって言ったのに。」

するとヨシ江は、スポンジで茶碗をこすりながら雪乃をちらりと見た。

「起こそうとしただよぅ、私は。けどあのひとが、ほっとけって言うだから。」

という部分の前半、

「どうして起こしてくんなかったの? 昨日あたし、一緒に行くって言ったのに。」

という部分は、選択肢**エ**の「一緒に畑へ行きたいと伝えていたにもかかわらず」という部分に一致します。そして、

「起こそうとしただよぅ、私は。けどあのひとが、ほっとけって言うだから。」

という部分は、選択肢**エ**の「茂三が自分を放っておくように言ったと聞き」という部分に一致します。

ここまで一致すれば、間違いなく**エ**の選択肢が正解だとわかりますね。

解説　問2

1　各選択肢文の最後に書かれている気持ちの言葉に線を引く

まず、各選択肢文の最後に書かれている気持ちの言葉に線を引きます。すると、

ア　畑まで急いで走ってきたため、思っていた以上に早く着き、茂三を驚かせようとして声のかけ方を決めかねている気持ち。

イ　畑で農作業をしている茂三のそばに駆け寄り、話しかけようとしたが、なかなか気づいてもらえず困惑する気持ち。

ウ　茂三が、自分に対してどのような思いを抱いているかつかみきれず、声をかけることをためらう気持ち。

エ　茂三が快く許してくれないと思うと、自分から声をかけづらく、気づくまで待つことでしか誠意を示せないと思う気持ち。

に線が引けますね。

2　傍線部（2）と「1」を照らし合わせ、近い選択肢を絞る

次に、傍線部（2）と先ほど気持ちの言葉に線を引いた「1」を照らし合わせて、近い選択肢を絞り込んでいきます。

傍線部（2）「張りあげかけた声を飲み込む。」と、各選択肢文の最後に書かれている気持ちの言葉に近いのは、**ア**の選択肢の気持ちの言葉「声のかけ方を決めかねている気持ち」と、**ウ**の選択肢の気持ちの言葉「声をかけることをためらう気持ち」ですね。

3　設問文の「このとき」にあたる本文に線を引く

さらに、設問文の「このとき」にあたる本文に線を引きます。すると、

ヨシ江はあんなふうに言ってくれたけれど、ほんとうに茂三は怒っていないだろうか。少なくとも、すごくあきれているんじゃないだろうか。謝ろうにも、この距離ではどんなふうに切り出せばいいかわからない。

布巾でくるまれたおにぎりをそっと抱え、立ち尽くしたままためらっていると、茂三が立ちあがり、痛む腰を伸ばした拍子にこちらに気づいた。

というところが、「傍線部（2）「張りあげかけた声を飲み込む。」とあるが、このときの雪乃の気持ち」の「このとき」にあたる部分ですね。設問の「このとき」は傍線部のすぐ近くに書かれている、でしたね。

4　選択肢文の「1」以外の言葉と「3」を照らし合わせ、最も近い選択肢を特定する

最後に、選択肢文の「1」以外の言葉と「3」を照らし合わせて、最も近い選択肢を特定します。

「ヨシ江はあんなふうに言ってくれたけれど、ほんとうに茂三は怒っていないだろうか。少なくとも、すごくあきれているんじゃないだろうか。謝ろうにも、この距離ではどんなふうに切り出せばいいかわからない」

という部分は、選択肢**ウ**の「茂三が、自分に対してどのような思いを抱いているかつかみきれず」という部分に一致します。そして、

「立ち尽くしたままためらっていると」

という部分は、選択肢**ウ**の「ためらう気持ち」とぴったり一致します。ここまで一致すれば、間違いなく**ウ**の選択肢が正解だとわかりますね。

DAY 4　選択肢問題（最も適切な理由を選ぶ）

解法手順

1. **傍線部の言葉に似た内容が書かれているところを傍線の前後から探す**
2. **選択肢の文章を読点をめやすに前半、後半に分ける**
3. **前半、後半に分けた選択肢の文章をそれぞれ、傍線前後に書かれた傍線部の内容に似た内容と照らし合わせる**

① **解答** 問1 ウ

解説 **問1**

1 傍線部の言葉に似た内容が書かれているところを傍線の前後から探す

まず、傍線部の内容に似た言葉が書かれているところを傍線の前後から探します。

すると、傍線部内の「知能性」に似ている「知能的」という言葉、傍線部内の「行動の複雑さ」にあたる具体例などが傍線部と同じ一段落の中に書かれていることがわかります。

2 選択肢の文章を読点をめやすに前半、後半に分ける

次に、各選択肢の文章を読点をめやすに前半、後半に分けます。

ア 前半 多くの動物は複雑に統制された行動をしており、
後半 人間が社会の中で規律正しく行動することと同じ程度の社会性があると考えているから。

イ 前半 動物の行動には定められた目的達成の方法があり、
後半 状況に応じて最適な方法で目的を達成する人間と質的な差はないと考えているから。

ウ 前半 多くの動物の複雑な振舞いは目的達成に向けた適切な行動であり、
後半 人間の本能的な段階の行動と根本的な違いはないと考えているから。

エ 前半 動物は状況の変化に応じて行動の目的を設定しており、
後半 人間の子供と比較しても環境に適応する能力に大きな差はないと考えているから。

3 前半、後半に分けた選択肢の文章をそれぞれ、傍線前後に書かれた傍線部の内容に似た内容と照らし合わせる

そして、前半、後半に分けた選択肢の文章をそれぞれ、傍線前後に書かれた傍線部の内容に似た内容と照らし合わせて、正誤を判断していきます。

ア 前半 多くの動物は複雑に統制された行動をしており、

傍線部より前の文章に「複雑な行動」の具体例は書かれていますが、「複雑に統制された」とまでは書かれていません。

ア 後半 人間が社会の中で規律正しく行動することと同じ程度の社会性があると考えているから。

傍線部より前の文章には「秩序だった必然的な行動」とは書かれていますが、「人間が社会の中で規律正しく行動することと同じ程度の社会性がある」とまでは書かれていません。よって、**ア**は「×」となりますね。

イ 前半 動物の行動には定められた目的達成の方法があり、

本文には「一連の秩序だった必然的な行動」とあるので、やや近い内容だといえそうです。

イ 後半 状況に応じて最適な方法で目的を達成する人間と質的な差はないと考えているから。

本文に「状況に応じて最適な方法で目的を達成する人間」という内容に近い内容はありません。よって、**イ**は「×」となります。「最適」とは「最もふさわしい」という意味です。このようなナンバーワンを示す言葉や、「常に」「必ず」「みんな」「いつでも」「どこでも」など、例外を認めない言葉がある選択肢は×になる可能性が高いので、本文でも同じ意味の言葉が使われているかを確認しましょう。

ウ 前半 多くの動物の複雑な振舞いは目的達成に向けた適切な行動であり、

本文に「多くの動物の行動はでたらめなものではなく」「目的を達成するために、一連の秩序だった必然的な行動を取っている」とあるので、一致します。

ウ 後半 人間の本能的な段階の行動と根本的な違いはないと考えているから。

後半部分は、傍線部に「人間と動物の間で本質の部分に大きな差はないと言える。」と書かれているので、一致します。よって、**ウ**は「〇」となります。

エ　前半　動物は状況の変化に応じて行動の目的を設定しており、

本文には「目的を達成するために、一連の秩序だった必然的な行動を取っている」とあり「状況の変化に応じて行動の目的を設定」とは書かれていません。ただし書かれていないとはいえ、内容に大きな違いはないので保留にします。

エ　後半　人間の子供と比較しても環境に適応する能力に大きな差はないと考えているから。

傍線部には「人間と動物の間で本質の部分に大きな差はないと言える。」と書かれていますが、「環境に適応する能力」ということは書かれておらず、傍線部より前の文章にも書かれていません。よって、**エ**は「×」となります。

このように、選択肢の文章は、「分ける」ことで、意味をとらえやすくなります。今回、読点の前後で二つに分けましたが、もっと長い選択肢文であれば、三つ以上に分けて、分けた部分ごとに本文と照らし合わせて正誤を判断すると正解率が上がります。

DAY

5 選択肢問題（最も適切な説明を選ぶ）

解法手順

1 選択肢の文章を、読点をめやすに前半、後半に分ける
2 各選択肢の文章の違いを見た目にわかりやすくする
3 前半、後半に分けた選択肢の文章をそれぞれ、設問の言葉と照らし合わせる

①

解答　**問1**　**イ**

解説　**問1**

1 選択肢の文章を、読点をめやすに前半、後半に分ける

まず、各選択肢の文章の前半後半を、読点をめやすにして斜めの線で区切ります。

ア　前半　情報を、信頼性によって私たちを成功に導くものとして捉え、／
　　後半　安全に行動するために使うということ。

イ　前半　情報を、面白さを享受するためのものとして捉え、／
　　後半　真偽にこだわらず楽しむために使うということ。

ウ　前半　情報を、人生に潤いを与えるものとして捉え、／
　　後半　私たちの生活の質を高めるために使うということ。

エ　前半　情報を、自分に役立つものとして捉え、／
　　後半　不確定性を減らして穏やかに生きていくために使うということ。

2 各選択肢の文章の違いを見た目にわかりやすくする

次に、各選択肢の文章の違いを見た目にわかりやすくします。各選択肢の文章のなかで、共通する部分に取り消し線を引きます。

ア　前半　~~情報を、~~信頼性によって私たちを成功に導く~~ものとして捉え、~~
　　後半　安全に行動するために使うということ。

イ　前半　~~情報を、~~面白さを享受するための~~ものとして捉え、~~
　　後半　真偽にこだわらず楽しむ~~ために使うということ。~~

ウ　前半　~~情報を、~~人生に潤いを与える~~ものとして捉え、~~
　　後半　私たちの生活の質を高める~~ために使うということ。~~

エ　前半　~~情報を、~~自分に役立つものとして捉え、

後半　不確定性を減らして穏やかに生きてい
~~くために使うということ。~~

今回のように、各選択肢の文章のなかで、共通する部分が多い場合は、異なる部分の横に線を引いて強調する方が早いです。共通する部分に取り消し線を引くか、異なる部分の横に線を引くかは、各選択肢に共通する部分が多いかどうかで判断しましょう。

ア　前半　情報を、信頼性によって私たちを成功に導くものとして捉え、
　後半　安全に行動するために使うということ。

イ　前半　情報を、面白さを享受するためのものとして捉え、
　後半　真偽にこだわらず楽しむために使うということ。

ウ　前半　情報を、人生に潤いを与えるものとして捉え、
　後半　私たちの生活の質を高めるために使うということ。

エ　前半　情報を、自分に役立つものとして捉え、
　後半　不確定性を減らして穏やかに生きていくために使うということ。

このようにして、各選択肢の違いを見た目にわかりやすくすると、正解の選択肢を選びやすくなりますよね。

3　前半、後半に分けた選択肢の文章をそれぞれ、設問の言葉と照らし合わせる

最後に、前半、後半に分けた選択肢の文章をそれぞれ、設問の言葉と照らし合わせます。

設問の言葉「情報を娯楽として消費する」のうち「情報を」という言葉はどの選択肢にもあるので、正解の選択肢を選ぶ判断基準になりません。「娯楽として消費」の「消費」についても、どの選択肢にも「使う」という言葉があるので選択の判断基準になりません。「娯楽として」の「として」も各選択肢にありますよね。

そこで、今回は「娯楽」にあたる言葉を各選択肢の異なる言葉と照らし合わせていきます。

ア「信頼性によって私たちを成功に導く」「安全に行動する」
「娯楽」とは無関係、よって「×」です。

イ「面白さを享受するため」「真偽にこだわらず楽しむ」
「面白さ」も「楽しむ」も「娯楽」といえるので「○」ですね。ちなみに「享受」とは、「そのものの良さを十分に味わう」ことです。

ウ「人生に潤いを与える」「私たちの生活の質を高める」
「娯楽」に近い意味ですが、選択肢**イ**の「面白さ」「楽しむ」ほどぴったりではありません。この時点で「×」と判断してもよいですが、念のため、傍線部の段落を最後まで読むと、「私たちのウェルビーイングを高めるどころか、むしろ損なうであろう」と書かれているので、「私たちの生活の質を高める」と書かれている**ウ**は「×」だとわかります。

エ「自分に役立つ」「不確定性を減らして穏やかに生きていく」
「娯楽」とは無関係、よって「×」です。

DAY 6 空らん補充問題

解法手順

1　空らんの後の言葉に線を引く
2　線を引いた空らんの後の言葉と同じ言葉か似た言葉を本文中から探す
3　「2」で探した言葉の前に書かれた内容から空らんに入れる言葉を特定する

①

解答

問1　a　過去に存在
b　観察や実験を行い、データを集め、それを分析する（23字）

解説　**問1　a**

1　空らんの後の言葉に線を引く

まず、空らんの後の言葉に線を引きます。

設問に「 a のものごとを研究対象として」

とあるので、a の後の「のものごとを研究対象として」に線を引きます。

a のものごとを研究対象として

2 線を引いた空らんの後の言葉と同じ言葉か似た言葉を本文中から探す

次に、線を引いた空らんの後の言葉と同じ言葉か似た言葉を本文中から探します。つまり、先ほど線を引いた「のものごとを研究対象として」と同じ言葉か似た言葉を本文から探します。

でも、本文と言っても、いったいどこから探せばいいのでしょう。それは、傍線が引かれた言葉を読むとわかります。

(1)「それが、その分野の知識になります」という傍線部の中に、「それ」という指示語が含まれていることから、「それ」の指し示す言葉は傍線部(1)よりも前に書かれていることが推測できます。そこで、「のものごとを研究対象として」と同じ言葉か似た言葉は、傍線部よりも前から探します。

すると、傍線部の直前の文に「そこで、その研究対象を」という言葉が見つかります。これは「のものごとを研究対象として」と似た言葉といえます。

3 「2」で探した言葉の前に書かれた内容から空らんに入れる言葉を特定する

「そこで、その研究対象を」とありますが、「その」とはどの研究対象でしょうか？

「その」が指し示すことを特定するために、「その」より前にさかのぼって、探します。

すると、「研究対象は、過去に存在していたか、現在存在しているかのどちらかです。」と書かれているところが見つけられます。ここに答えとして使える部分が含まれています。どこを答えとして使うかは設問を読み直します。

設問には

a のものごとを研究対象として

とあるので、「研究対象」という言葉を答えに含める必要はなさそうです。また、「のものごと」につながる言葉である必要があることがわかります。さらに、設問には「二十五字で抜き出し」とあるので、「過去に存在していたか、現在存在しているかのどちらか」を抜き出し、「初めの五字」という指定に従って、「過去に存在」と書き抜けば正解となります。

解説 問1 b

1 空らんの後の言葉に線を引く

まず、空らんの後の言葉に線を引きます。

設問に「b ことによってわかった」とあるので、b の後の「ことによってわかった事実や現実に関する新しいできごとが知識となる」に線を引きます。

b ことによってわかった事実や現実に関する新しいできごとが知識となる

2 線を引いた空らんの後の言葉と同じ言葉か似た言葉を本文中から探す

次に、線を引いた空らんの後の言葉と同じ言葉か似た言葉を本文中から探します。つまり、先ほど線を引いた「ことによってわかった事実や現実に関する新しいできごとが知識となる」と同じ言葉か似た言葉を本文から探します。

先ほどの a の内容を探したときと同様に、傍線部(1)「それが、その分野の知識になります」という傍線部の中に、「それ」という指示語が含まれていることから、「それ」の指し示す言葉は傍線部(1)よりも前に書かれていることが予想できます。そこで、「ことによってわかった事実や現実に関する新しいできごとが知識となる」と同じ言葉か似た言葉は、傍線部よりも前から探します。

すると、傍線部よりも前に「ことにより、事実や現実に関して新しいことがわかり」と書かれているところが見つけられます。

3 「2」で探した言葉の前に書かれた内容から空らんに入れる言葉を特定する

「ことにより、事実や現実に関して新しいことがわかり」と書かれているところを見つけたので、その前に書かれているところを見ます。すると、

「そこで、その研究対象を観察したり、それに対して何らかの実験を行ったりすることが可能であり、数値によるか言葉によるかの違いはありますが、その対象に関するデータを集めることができます。そして、これらのデータを分析

する」

という言葉があり、この範囲を使って二十字以上三十字以内にまとめればいいということがわかります。

「そこで、その研究対象を観察したり、それに対して何らかの実験を行ったりすることが可能であり、数値によるか言葉によるかの違いはありますが、その対象に関するデータを集めることができます。そして、これらのデータを分析する」

削っても意味が通じるところは削ってつなげると、「観察や実験を行い、データを集め、それを分析する」とまとめることができ、これが答えとなります。

DAY

7 記述問題

解法手順

1 設問から記述の答えの最後を決める
2 傍線部の言葉と同じ言葉か似た言葉を本文中の考えが述べられているところから探す
3 「2」で探した言葉から記述の答えとなる文を最後から組み立てる

①

解答

問1 (例)誰かがその人々を想うことで、その人々の居場所を作る(25字)

解説 **問1**

1 設問から記述の答えの最後を決める

まずは、設問から答えの最後を決めます。設問では「このときの浩弥の心情はどのようなものですか」とあるので、答えの最後は「という心情。」ということが確定します。

といっても、今回の記述問題は穴埋め形式なので答えの最後はすでに書かれていますね。

2 傍線部の言葉と同じ言葉か似た言葉を本文中の考えが述べられているところから探す

次に、傍線部の言葉と同じ言葉か似た言葉を本文中の考えが述べられているところから探します。すると、傍線部の「想った」に近い言葉として、傍線部の前に書かれている「想う」が見つかります。さらに、その「想う」の前に書かれている「誰かを」の「誰か」とは、傍線部の「名も残さぬ人々」と同じ人を指していることがわかります。

「誰かが誰かを想う。それが居場所を作るということ……？」ここが、傍線部の「名も残さぬ人々のことを想った。」の内容に似たところであり、浩弥の心情を表す部分です。

3 「2」で探した言葉から記述の答えとなる文を最後から組み立てる。

最後に「2」で探した言葉から記述の答えとなる文を最後から組み立てます。

「誰かが誰かを想う。それが居場所を作るということ……？」から、記述の答えを組み立てていきましょう。

すでに記述の最後は「ことができるのかもしれない、という心情。」ということが決まっているので、ここにつながる最後の言葉を決めます。

「誰かが誰かを想う。それが居場所を作るということ……？」から、「ことができる」にそのままつながるのは「居場所を作る」ですね。

これで、「居場所を作る（ことができるのかもしれない、という心情。）」というところまで記述が完成しました。さらに、「居場所を作る」につながる言葉を決めていきます。

誰の「居場所を作る」のかを説明するために必要な「誰」にあたる言葉は、すでに設問の空らんの前に「名も残さぬ人々」と書かれているので、空らんにまた「名も残さぬ人々」と書く必要はありません。「その人々の」と書けばOKです。

これで、「その人々の居場所を作る」まで記述が完成しました。最後に「その人々の居場所を作る」の上に来る言葉を決めましょう。すでに「2」で探しあてた、「誰かが誰かを想う。それが居場所を作るということ……？」という文の「誰かが誰かを想う」が記述の答えに使えそうです。

これで「誰かが誰かを想うことで、その人々の居場所を作る」という答えができあがります。このままでもOKなのですが、この模範解答の中の「誰かを」の「誰か」は「名も残さぬ人々」ということがわかっています。それであれば「誰か」を「その人々」として、「誰かがその人々を想うことで、その人々の居場所を作る」とすればより正確に伝えられる記述が完成します。

入試実戦 ▼▼ 1回目

①

解答　問1　ア　　問2　ウ　　問3　イ

解説　**問1**

まず、各選択肢の気持ちを表している部分に線を引きます。

ア　幼い頃に感じられなかった、絵本の美しさや楽しさに気付かせてくれた祖父に親しみを抱き、祖父の本をもっと読みたいと思う気持ち。

イ　祖父が絵本に登場する服の色に着目していることに興味をもち、自分の本と棚の本を研究して、祖父に認めてもらいたいと思う気持ち。

ウ　祖父が親愛の情を示してくれたことを嬉しく感じ、自分が棚の本に興味を示すことによって、祖父をもっと喜ばせたいと思う気持ち。

エ　会話を通じて祖父の人柄や考え方にひかれ、祖父が集めてきた棚の本を読むことで、本の好みや選び方を知りたいと思う気持ち。

次に、傍線部（1）の言葉から、気持ちを読み取ります。と言っても、考える必要はありません。考えるのではなく、書かれている言葉がそのまま気持ちになります。

つまり、傍線部から読み取れる気持ちは、「ねえ、おじいちゃん。あの棚の本、あとで私の部屋に持っていっていい?」と聞きたくなる気持ち、というわけです。この「ねえ、おじいちゃん。あの棚の本、あとで私の部屋に持っていっていい?」と聞きたくなる気持ちに近い気持ちが書かれているのは、各選択肢のどの言葉でしょうか。

アの「祖父の本をもっと読みたいと思う気持ち」ですね。

念のため、傍線部直前に書かれている気持ちも確認しましょう。

「一瞬だが、頭をなでられたことに気付き、きまりが悪いような、嬉しいような思い」とあります。これは、**ア**の選択肢の「祖父に親しみを抱き」に一致しますね。ここまで一致していれば、正解は「**ア**」だと考えていいでしょう。

解説　**問2**

設問に「この表現について述べたもの」とあるので、傍線部（2）以外の本文は見る必要がありません。傍線が引かれたところと、各選択肢を見比べて、最も近いことが書かれている選択肢を選ぶ問題です。

まず、各選択肢の最後の「〇〇的（に表現している）」に注目し、「〇〇的」を丸で囲みましょう。

ア　祖父が曾祖父の厳格さに反発する気持ちをもっていたことを、二人の対照的な書体を対比させて描くことで、象徴的に表現している。

イ　祖父が曾祖父と共に芸術的表現を追求していたことを、二人の筆跡をたとえを用いて技巧的に描くことで、情緒的に表現している。

ウ　祖父が曾祖父と共に染めに携わりつつ記録を引き継いできたことを、二人の異なる筆跡を視覚的に描くことで、印象的に表現している。

エ　祖父が曾祖父と共に色鮮やかで美しい糸を紡ぐ仕事を続けてきたことを、二人の字形や色彩を絵画的に描くことで、写実的に表現している。

すると、傍線部の表現を「象徴的」「印象的」だとするのはおかしくありませんが、「情緒的」「写実的」とするのはおかしいことに気づきます。ちなみに「情緒的」というのは、「感情を動かすような」ということ、「写実的」というのは「事実をそのまま写し出すような」ということです。これで、選択肢は「**ア**」と「**ウ**」の二択に絞られました。

それでは、次に、「**ア**」と「**ウ**」の選択肢の丸で囲んだ以外のところを傍線部と照らし合わせていきましょう。

ア　祖父が曾祖父の厳格さに反発する気持ちをもっていたことを、二人の対照的な書体を対比させて描くことで、象徴的に表現している。

選択肢「**ア**」は「祖父が曾祖父の厳格さに反発する気持ちをもっていた」とありますが、このことは傍線部からは読み取れないですよね。設問では「この表現について述べたものとして最も適切なものを」とあるので、「×」となります。選択肢「**ウ**」は傍線部の内容に反することは書かれていません。よって、「**ウ**」が正解となります。

解説　問3

まず、各選択肢の気持ちを表している部分に線を引きます。そのうえで、気持ちを表す言葉を丸で囲むとさらに、選択肢が選びやすくなります。

ア　染めに取り組むことが認められなかったことはもっともだと納得し、ショールの色を決められない自分の優柔不断さを嫌悪するが、父親たちにはまだ自分の能力の限界だとは思われたくないと願う気持ち。

イ　染めの希望がかなわず残念に思うものの、決断力の弱さを指摘されてもなお染めに対する意欲を失わず、父親たちとの再会に思いを巡らす中で自分のこれからのことをどのように伝えるべきか迷う気持ち。

ウ　染めに取り組みたいという願いがかなわなかったことに悲しみが込み上げ、急がなくてよいという祖父の慰めの言葉と、父が祖父を説得すれば染めに取り組めるかもしれないという期待にすがりたい気持ち。

エ　染めの仕事を認めようとしない祖父の態度に困惑しながら、決断力の弱さを自覚して落胆するとともに、父親たちとの再会を控えて染めとの向き合い方を模索してこなかったことを後悔する気持ち。

傍線部（3）で気持ちが表れている言葉は「小声」です。この小声に最も近い各選択肢中の言葉は「**イ**」の選択肢の「残念」ですが、これだけではまだ正解の選択肢だと特定できません。

「はい、と小声で答え、美緒はメモを受け取る。」

設問では「このときの「美緒」の気持ちに最も近いものを」とあるので、傍線部と同じタイミングの、直前直後から「美緒」の気持ちが書かれているところを探します。

すると「東京へひとまず帰るか、この夏ずっと祖父の家で過ごすか。それを父に言う決断もつけられずにいる。」とあるので、選択肢「**イ**」の「自分のこれからのことをどのように伝えるべきか迷う気持ち」と一致します。選択肢で示された気持ち二つとも、本文と一致するので、「**イ**」が正解となります。

入試実戦　2回目

①

解答

問1　エ　問2　イ

問3　（例）

筆者は記憶の拠り所として建築を挙げているが、私もそう思う。確かに、すべてのものは変化していくが、建築はすぐには変化しない。変化させてはいけないと思う。

たとえば、学校だ。私にとって学校は、勉強だけでなく、運動会や文化祭、合唱コンクールなどさまざまな行事や、部活の練習に励んだ思い出が詰まっている建築だ。将来、自分を見失うことがあれば、通っていた学校を訪れ、私の原点を思い出すきっかけにしたい。（198字）

解説　問1

まず、設問で「「複合的で象徴的な懐かしさ」とはどういうことか」と聞かれているので、選択肢選びのキーワードとなる「複合的」と「抽象的」を丸で囲みます。

「複合的で抽象的な懐かしさ」

これで、

①複合的な懐かしさ

②抽象的な懐かしさ

という二つの要素が説明されている選択肢を選べばよいということが、見た目にもわかりやすくなりました。ただし「複合的な懐かしさ」は「いくつかのことが組み合わさった懐かしさ」だとわかるものの「抽象的な懐かしさ」とは、どんな懐かしさなのか、わかりづらいですよね。「抽象的」というのは、複数の個別具体的な事柄に共通する要素のことです。ある特定の事柄に対して「懐かしい」と感じるのではなく、複数の経験に共通する「懐かしさ」といったイメージです。わかりづらいですね。わかりづらいので、わかりやすい方の「複合的な懐かしさ」をもとに、同内容が書かれている選択肢を探しましょう。

　すると、選択肢「**エ**」に「複合的な懐かしさ」にあたる内容が見つけられます。

エ　未知のものと出会うことによって、潜在的に存在する様々な記憶の断片がつなぎ合わされて湧き上がる懐かしさのこと。

　これで「**エ**」を正解の選択肢として選んでしまってもOKですが、一応、「抽象的な懐かしさ」も確認しておきましょう。

「潜在的に存在する様々な記憶の断片がつなぎ合わされて湧き上がる懐かしさ」という表現は、「抽象的な懐かしさ」といえます。ここまで一致していれば「**エ**」が正解であることは間違いありません。

解説 問2

まず、傍線部（2）の言葉に似た内容が書かれているところを傍線の前後から探します。すると、傍線部の直後に「言い換えれば」という言葉が見つかります。この「言い換えれば」は算数で言えば「＝」の記号です。傍線部と同じことが書かれている「言い換えれば」の後を見ない手はありません。

「言い換えれば、建築さえも急進的に更新し続けるだけの存在になってしまったら、人は何を記憶の拠り所にしてゆけばいいのかわからなくなってしまうのではないでしょうか。」

　筆者が傍線部のように述べた理由は「建築さえも急進的に更新し続けるだけの存在になってしまったら、人は何を記憶の拠り所にしてゆけばいいのかわからなくなってしまう」からだということがわかります。

　また、傍線部と同じ段落には、「急速な変化は自然風土やかけがえのない人の営為を壊し、人の記憶にとって大切な〝原風景〟を奪ってゆきました。」と書かれています。筆者が傍線部のように述べた理由は、「自然風土やかけがえのない人の営為を壊し、人の記憶にとって大切な〝原風景〟を奪ってゆく」ことがないようにするためだということがわかります。

　ここまでわかったうえで、各選択肢の文章を、読点をめやすに前半、後半に分けて、先ほど本文から見つけた筆者の意見と照らし合わせていきます。

　すると、

イ　急速に物事が更新され続ける現在において、変わらずそこにあり続ける建築は、人の記憶の原風景となり得る存在であると考えるから。

と書かれている「**イ**」が正解だとわかります。

「**ア**」は、「懐かしさや郷愁を印象付けることが必要」が本文と一致しません。

「**ウ**」は、「新たな建造物には懐古的な工夫が必要」が本文と一致しません。

「**エ**」は、「変化を止めることが重要」が言い過ぎであり、「不変の象徴として建築を位置付け、人々の意識を向けさせたい」が本文と一致しません。

解説 問3

まず、筆者の意見に対して賛成の立場を宣言します。次に、「確かに〜が、〜」というかたちで、予想される反論に対しての反論を述べます。

　そして、第二段落では、設問で「具体的な体験や見聞も含めて」と指示されているとおり、「たとえば」から具体的な体験、見たり聞いたりしたことを紹介します。学校生活などの書きやすい例がいいですね。最後は、まとめです。最初の一文で述べたことと一致させつつ、前向きなひとことにつなげると収まりのいい作文となります。

入試実戦 3回目

①

解答　問1 **ア**　問2 **イ**

解説　**問1**

まず、各選択肢の中から気持ちを表しているところに線を引きます。

ア 突然の出来事に戸惑いながらも周囲の期待をしっかりと受け止めて、真剣に作品づくりに向き合おうとしている様子。

イ 長年取り組んできたバレエと始めたばかりの習字との共通点を見付け、作品づくりの面白さを実感し始めている様子。

ウ 『亭』の字と片方の足で立っているバレリーナの姿が似ていることに気を取られたため、作品づくりの手順を確認しようとしている様子。

エ 佐代子からの申し出を嬉しく思い、これまでの練習の成果を出し切って佐代子を喜ばせたいと意気込んでいる様子。

次に、傍線部（1）から気持ちを読み取ります。

「ふぅ……。」

「ふぅ……。」だけでは、読み取れませんね。このような場合は、傍線部の前後に気持ちが読み取れるところがあるので、探します。

「集中だ、集中が大事。」とありますね。「集中」しようと思っている気持ちだということが読み取れます。ここでいう「集中」の対象は何でしょうか？　これから字を書くことですよね。そこで、各選択肢の中から、字を書くことに集中していることがわかる表現を選びます。

「**ア**」の「真剣に作品づくりに向き合おうとしている様子」が字を書くことに集中しようとしていることを表しています。よって「**ア**」が正解になります。

解説　**問2**

まず、各選択肢の中から気持ちを表しているところに線を引きます。

ア 多くの人々からバレエの面白さを改めて気付かせてもらったことで、幸福感に満たされ、佐代子に感謝したい気持ち。

イ 周囲にいる素晴らしい人々の存在を実感できた喜びと、自分の作品が認められたことへの喜びが込み上げ、高揚する気持ち。

ウ 新たに作品の依頼を受けたことから、緊張を乗り越え作品づくりをやり遂げた達成感を自覚し、自分を誇りたいと思う気持ち。

エ 新しいリクエストを受けたことをきっかけに、バレエを続けたいという、自分の本心に正直になろうと思う気持ち。

次に、傍線部（2）から気持ちを読み取ります。

「でもこらえきれそうにない。」

どんな気持ちかはわかりませんが、とにかく何らかの気持ちを「こらえきれない」気持ちだということがわかります。「こらえきれない」にあたる気持ちは選択肢中にあるでしょうか？

選択肢「**イ**」の「高揚する気持ち」が近そうです。「高揚」とは「気持ちが高まる」ことです。ただ、これだけでは、「**イ**」を正解だと特定するのはまだ早いです。傍線部の前後に気持ちが読み取れる表現があるかを確認してみましょう。

「周りのみんなも拍手で送り出してくれて、なんだか嬉しくなって走り出す。体が軽い。気を抜くとそのまま空に浮いてしまいそうだ。というか、踊りだしてしまいそうになるのを必死でこらえる。」

とあります。

「嬉しくなって」「踊りだしてしまいそうになるのを必死でこらえる」とありますね。

「嬉しくなって」は選択肢「**イ**」の「喜び」に一致、「踊りだしてしまいそうになる」は同じく選択肢「**イ**」の「高揚する気持ち」に一致します。ここまで一致すれば「**イ**」を正解としていいでしょう。ちなみにその他の選択肢中の気持ちを表す言葉はどれも「嬉しくなって」や「こらえきれそうにない」という気持ちとはズレがあります。